本书得到2015年度教育部人文社会科学研究西部和边疆地区项目"幼儿园安全风险指标体系研究"（项目编号：15XJA880002)和2015年度陕西省社会科学基金项目"幼儿园安全风险……建研究"（立项号：2015N012）的支持。

幼儿安全风险预控管理

CHILDREN SECURITY RISK
PRE CONTROL MANAGEMENT

王 军　程秀兰
李少梅　叶子兰
李松玲
编著

陕西师范大学出版总社

图书代号：JY15N0853

图书在版编目（CIP)数据

幼儿安全风险预控管理/王军等编著.—西安：陕西师范大学出版总社有限公司，2015.10
（2017.8重印）
ISBN 978-7-5613-8178-6

Ⅰ.①幼… Ⅱ.①王… Ⅲ.①幼儿园—安全管理 Ⅳ.①G617

中国版本图书馆CIP数据核字(2015)第133175号

幼儿安全风险预控管理
YOU'ER ANQUAN FENGXIAN YUKONG GUANLI
王 军 程秀兰 李少梅 叶子兰 李松玲 编著

责任编辑	曹联养
责任校对	张爱林
装帧设计	安梁
出版发行	陕西师范大学出版总社
	（西安市长安南路199号 邮编 710062）
网　　址	http://www.snupg.com
印　　刷	西安市建明工贸有限责任公司
开　　本	787mm×1092mm 1/16
印　　张	15.5
字　　数	245千
版　　次	2015年10月 第1版
印　　次	2017年8月 第2次印刷
书　　号	ISBN 978-7-5613-8178-6
定　　价	38.00元

读者购书、书店添货或发现印装质量问题，请与本公司营销部联系、调换。
电话：（029）85307864 85303629　传真：（029）85303879

本书编委会

主　编
　　王　军
副主编
　　程秀兰　李少梅　叶子兰
编　委（以姓氏拼音为序）
　　陈晓苗　高月桂　李玉莲　李尔琳
　　李松玲　米　青　缪　珺　王　莉
　　兀　静　王　侠　谢艳鹏　郑秋子

序 言

儿童是国家和民族的未来，是每一个家庭的希望。近些年来，由于多种原因，儿童安全事故频频发生，引起了社会各界对儿童安全的热议。"孩子安全吗？""为什么会这样？""怎样才能预防？"这些问题拷问着不同的人，也拷问着我们的良知。

本书编著团队怀着强烈的社会责任感和爱心，投入了大量的人力和物力，在多年从事煤矿安全生产和矿工人身安全预防事故研究工作基础上，围绕幼儿安全风险预控问题，联合安全领域专家、陕西师范大学学前教育专业教师以及知名幼儿园园长成立了"幼儿安全风险预控与管理研究课题组"。课题组在研究整理了大量有关幼儿安全预控案例及安全工程理论文献资料的基础上，提出了幼儿安全风险预控管理的三个要点：（1）安全事故是可以预控的；（2）事故预控应该从源头（危险源）抓起；（3）事故预控的重点是对人员不安全行为的管理。

苏联杰出教育家马卡连柯曾经说过，"教育的基础主要是在5岁前奠定的，它占整个教育过程的百分之九十。"幼儿的成长离不开家庭和幼儿园的共同呵护，幼儿5岁以前生活习惯的好坏、游戏过程的体验、学习态度的养成对其一生的身心健康和智力（智慧）发展起着极为重要甚至是决定性的影响。而这一切都要以幼儿生命安全为前提，没有了安全，一切活动都没有了意义。

本书编者在解析有关安全核心概念的基础上，开展了四个方面的工作：

第一，探寻幼儿园一日生活中的危险源及其管理，剖析孩子从入园到离园11个环节的危险源和不安全行为，并给出了管理标准与措施；

第二，对幼儿在家庭生活中的危险源进行辨识与管理；

第三，对幼儿园各类人员的不安全行为进行分类与预控；

第四，探讨幼儿园的综合安全管理和事故应急管理，对诸如消防安全、用电安全、交通安全、校车安全、大型户外活动安全、伤害事故、突发事件以及自然灾害等按专题进行了梳理，确保了安全预控的全面性和系统性。

同时为了能够让读者灵活应用这些知识，本书编著团队还开发了一套软件工具——幼儿园安全风险预控管理系统（含PC端、手机APP端），提供了幼儿危险源百科知识、不安全行为百科知识、安全测评服务及事故案例预防建议。本工具旨在提升学习效率，检验学习效果，对于提升幼儿园教职工和家长的安全素养具有很强的实用性和针对性。

　　本书对幼儿园和家庭中可能出现的诸多危险因素系统地提出了预防和管理措施，具有如下三个方面的特点：

　　（1）科学性。本书以安全工程理论为基础，基于人的不安全行为、物的不安全状态、管理的缺陷以及环境的不安全状态四个方面，形成幼儿危险因素辨识与控制的科学方法论。本书坚持将理论与实践紧密结合，不是束之高阁的僵硬教条，而是源于实践的真知灼见。

　　（2）系统性。本书以幼儿的风险预控为核心，覆盖园长、教师、保育员、后勤人员、家长、幼儿各个相关角色，按照安全工程理论的逻辑对幼儿园安全管理10大模块的每一个业务环节进行危险源及人员不安全行为的辨识和控制。从业务和人员两个角度进行纵横交叉织网，形成一个完整、连贯、系统的知识网络。

　　（3）实效性。本书立足于行之有效的实践，不仅授予幼儿园和家长风险预控的理念、方法，授之以渔，还提供了幼儿危险源和不安全行为知识库、安全管理系统，授之以鱼和渔具。

　　幼儿安全风险预控管理是基于知识而又超越知识的实践智慧，是一种责任也是一种文化。仅仅停留在口头上和形式上的"安全"是最不安全的"安全"，也是最可怕的安全风险预控。搞好幼儿安全风险预控需要幼儿园和家长在日常生活当中不断实践、学习、总结和提升。

　　幼儿安全风险预控管理过程也是对幼儿进行安全教育的过程，一定要注意保护孩子幼小的心灵，激发他们的兴趣，注重良好习惯的养成。

　　幼儿安全风险预控是一项新生事物，需要不断发展和完善。相信幼儿园教职工和家长能够在实践中进行不断的创新，也希望读者和作者协同工作，不断总结，"有所发现，有所发明，有所创造，有所前进"，最终达到预控危险，保障孩子安全，保证孩子愉快、健康成长的目的。

于德弘
2015年8月

目录 CONTENTS

- 001　序言
- 001　第一章　导论
- 002　一、研究背景
- 002　（一）幼儿安全事故频发
- 004　（二）国家安全政策强力推行
- 006　（三）幼儿园安全管理现状
- 008　（四）家庭安全意识不足
- 009　二、理论基础
- 009　（一）马斯洛需要层次理论
- 009　（二）事故致因理论
- 014　三、幼儿园安全风险预控管理术语
- 014　（一）危险源、不安全行为、事故
- 015　（二）风险预控
- 016　（三）安全评测
- 016　四、危险源辨识与控制的方法
- 017　（一）危险源辨识
- 017　（二）危险源辨识的方法
- 018　五、管理标准及措施制定的方法
- 018　（一）管理对象的提炼
- 019　（二）管理标准和措施制定
- 019　（三）管理标准和措施审核
- 021　六、理论与事故的对话
- 021　（一）湖南湘潭"夺命校车"事故——冰山安全理论
- 023　（二）小药瓶夺去女童光明——海因里希事故致因连锁理论
- 024　（三）幼儿园喂病毒灵事件——博德事故理论

027　第二章　幼儿园一日生活危险源管理

028　一、入园
028　（一）接待准备
029　（二）晨检
031　（三）门卫
032　二、晨间活动
032　（一）晨间活动前
033　（二）晨间活动中
034　（三）晨间活动后
035　（四）早操
037　三、教学活动
037　（一）准备工作
039　（二）教学过程
040　（三）教学活动后
041　（四）教学环境
042　（五）室内设备
044　（六）玩具
046　四、户外活动
046　（一）准备工作
049　（二）组织活动
050　（三）整理工作
052　（四）大型器械活动
054　（五）小型分散活动
055　五、饮水
056　（一）饮水前
057　（二）饮水
058　（三）饮水后
059　六、盥洗
059　（一）盥洗前
060　（二）盥洗
061　（三）盥洗后
062　七、进餐
062　（一）进餐前

064 （二）进餐时
065 （三）进餐后
066 八、如厕
066 （一）如厕前
067 （二）如厕
068 （三）如厕后
069 九、午睡
069 （一）午睡前
070 （二）午睡中
071 （三）起床
073 十、区域活动
073 （一）活动前
074 （二）活动中
075 （三）活动后
076 十一、离园
076 （一）准备活动
077 （二）交接
079 （三）离园后

081　第三章　幼儿家庭危险源管理

082 **室内篇**
082 一、卧室
082 （一）卧室中的危险源
083 （二）卧室内危险源的预控管理措施
083 二、客厅
083 （一）客厅中的危险源
085 （二）客厅危险源的预控管理措施
086 三、厨房
086 （一）厨房中的危险源
087 （二）厨房危险源的预控管理措施
088 四、浴室
088 （一）浴室中的危险源
088 （二）浴室危险源的预控管理措施
089 五、阳台

089　（一）阳台中的危险源
090　（二）阳台危险源的预控管理措施
091　**室外篇**
091　一、交通安全
091　（一）交通出行的危险源
093　（二）交通出行中危险源的预控管理措施
094　二、公园安全
094　（一）公园中的危险源
095　（二）公园危险源的预控管理措施
096　三、商场安全
096　（一）商场中的危险源
097　（二）商场危险源的预控管理措施
098　四、郊外安全
098　（一）郊外的危险源
099　（二）郊外危险源的预控管理措施
099　五、海边的安全
100　（一）海边危险源
100　（二）海边危险源的预控管理措施
100　六、小区安全
101　（一）小区的危险源
101　（二）小区危险源的预控管理措施

103　**第四章　不安全行为控制**

104　一、教师不安全行为分类与控制措施
104　（一）教师不安全行为分类
107　（二）教师不安全行为的预控管理措施
108　（三）教师安全行为培训与教育
111　二、保育员不安全行为分类与控制措施
111　（一）保育员不安全行为分类
113　（二）保育员不安全行为的预控管理措施
117　三、保健医生不安全行为分类与控制措施
117　（一）保健医生不安全行为分类
118　（二）保健医生不安全行为的预控管理措施
120　四、幼儿不安全行为分类与控制措施

120　（一）幼儿不安全行为分类
121　（二）幼儿不安全行为的预控管理措施
126　五、家长不安全行为分类与控制措施
126　（一）家长不安全行为分类
128　（二）家长不安全行为的预控管理措施

129　**第五章　幼儿综合安全管理**

130　一、大型活动预控与管理
130　（一）大型活动中的危险源
133　（二）大型活动危险源的预控管理措施
142　二、校车安全预控与管理
142　（一）校车的危险源
143　（二）校车危险源的预控管理措施
146　三、食品卫生安全预控与管理
147　（一）食品卫生的危险源
148　（二）食品卫生危险源的预控管理措施
156　四、用电预控与管理
156　（一）用电中的危险源
157　（二）用电危险源的预控管理措施
159　五、园舍预控与管理
160　（一）园舍中的危险源
162　（二）园舍危险源的预控管理措施

165　**第六章　幼儿园事故与应急管理**

166　一、伤害事故的应急管理
166　（一）设施设备类伤害事故
167　（二）幼儿身心伤害事故
168　（三）医务人员造成的幼儿伤害事故
169　二、突发事故的应急管理
169　（一）幼儿园火灾事故的预控管理措施
171　（二）幼儿园群体性食物中毒事故的预控管理措施
173　（三）幼儿园流行性疾病的预控管理措施
174　（四）幼儿园建筑物安全的预控管理措施
176　（五）园内外的袭击、伤害性事故的预控管理措施

178 （六）园内突发安全事故的预控管理措施
179 （七）园外突发安全事故的预控管理措施
180 三、自然灾害的应急管理
180 （一）幼儿园常见自然灾害事故的类型
181 （二）幼儿园自然灾害事故的预控管理措施
183 （三）幼儿园自然灾害事故发生后的应急管理

185 第七章 幼儿园安全管理系统

186 一、系统建设的目标
187 二、系统应用价值
187 三、系统主要功能规划
189 （一）核心功能及特点
189 （二）功能详细介绍——前台
190 （三）功能详细介绍——后台
191 四、系统实施
192 五、系统应用示例
192 （一）前台
196 （二）后台
200 （三）移动端

229 参考文献

235 后记

第一章

导论

一、研究背景

每一个孩子健康茁壮地成长,影响所有家庭的幸福及整个社会的和谐。在此前提下,幼儿园伤害事故不仅仅是每一位家长最为关切的问题,同时也是每一位学前教育工作者密切关注的问题。幼儿不仅是一个家庭的"小太阳",更是一个国家的未来、整个民族的希望。《幼儿园教育指导纲要》中指出:"幼儿园应该把保护幼儿的生命以及促进幼儿的健康放在所有工作的首要位置。树立正确的健康观念,在重视幼儿身体健康的同时,要高度重视幼儿的心理健康。"幼儿在幼儿园中能否健康快乐地成长,能否免受伤害,能否在不幸遭受外界伤害后得到及时有效的救援和帮助,是幼儿家长、幼儿园管理者、幼儿教师和学前教育工作者共同关心的话题。随着社会经济的不断发展,我们的物质保障条件不断改善,幼儿所享受的保障措施日益完善,因疾病引发的死亡率早已大幅度下降。但是,在幼儿园环境中不幸发生在孩子们身上的伤害事故则成为对幼儿造成伤害的一个较为特殊的类型。近年来,屡屡发生的幼儿园伤害事故也日益成为人们关注的焦点。

(一)幼儿园安全事故频发

从20世纪70年代末开始,意外死亡已经成为儿童死亡原因顺位中的第一位,而且在儿童总死亡人数中所占比率呈上升趋势。联合国儿童基金会在《生命知识》一书《防止意外伤害》这一章中提出:每年全球死于意外伤害的儿童约有75万,受重伤的儿童达4亿左右,其中很大一部分为永久性残废和脑部损伤,意外伤害已经成为导致儿童死亡和残疾的重要原因。据中国死亡检测网的报告显示,无论在城市还是农村,意外死亡均为14岁以下儿童的第一位死因,死亡率高达685/10万~941/10万,边远地区5岁以下儿童意外死亡率甚至达到了1056/10万。儿童意外伤害死亡总人数已经超过四种儿童常见疾病(肺炎、恶性肿瘤、先天畸形、心脏病)死亡人数的总和。儿童产生意外伤害的主要原因包括交通事故、跌落、中毒、溺水、意外窒息、火灾等。由此可见,孩子的生命安全迫切需要引起我们的高度重视,迫切需要我们采取强有力的措施来防范儿童意外伤害事故的发生。

1. 幼儿伤害故事的类型

据统计,我国每年有超过 10 万的 0~14 岁儿童因意外伤害而死亡,每 3 位死亡的幼儿中就有一位是意外伤害所致。城市中每 6 个幼儿中就有一位遭受过意外伤害(总发生率为 16.5%)。根据本质安全理论,并结合幼儿园伤害事故的具体情况,笔者将幼儿园伤害事故归为以下几类:

(1)幼儿在入园离园时的走失、冒领、校园暴力等事故

(2)幼儿在学习游戏过程中因打闹、玩具设施不合格等造成的事故

(3)幼儿在日常生活中因烧烫伤、突发疾病、食物中毒等引起的事故

(4)火灾、坍塌、虐童等其他安全事故

据专家估算,我国每年至少有 1000 万儿童遭受各种形式的意外伤害,10 万儿童因此死亡,40 万儿童因此致残[1]。华中科技大学同济学院曾在全国 11 个城市 4.3 万名学前儿童中进行过意外伤害的调查,结果显示:非致命意外伤害的发生率为 24.10%,其中造成身体缺陷者占 1.64%,造成永久性伤残者占 1.01%。国内其他相关调查也显示:每年有 20%~40% 的儿童因意外伤害需要医学关注,其中 1/3 需要手术治疗、卧床、休学或一天以上活动限制。

2. 造成幼儿安全事故的原因

东北师范大学通过生活中及报刊、电视、互联网等媒体收集近几年来有关幼儿园安全事故方面的案例共 34 个,按"直接原因"和"间接原因"进行归类统计,结果如下:

(1)造成幼儿园安全事故的直接原因统计(如图 1.1 所示)

①因外来侵害造成幼儿被冒领接走、绑架、伤害占事故总数的 29.4%,列第一位;

②幼儿自身原因所致走失、游戏、顽皮打闹等造成的事故占总数的 23.5%,列第二位;

③因教工恶意行为和过失行为造成的绑架、砍伤、火灾、食物中毒、烫伤等占事故总数的 20.6%,列第三位;

④因设施不良造成的事故占事故总数的 14.7%,列第四位;

⑤家长原因造成的事故占事故总数的 8.8%,列第五位;

⑥幼儿园组织外出活动造成的事故,占事故总数的 2.9%,列最后位。

[图表：幼儿园安全事故的直接原因统计]

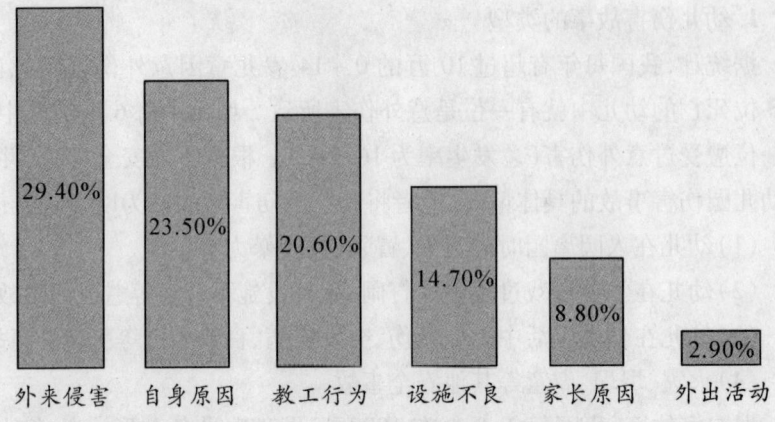

外来侵害 29.40%　自身原因 23.50%　教工行为 20.60%　设施不良 14.70%　家长原因 8.80%　外出活动 2.90%

图 1.1　幼儿园安全事故的直接原因统计

（2）造成幼儿园安全事故的间接原因统计（如图 1.2 所示）

①与幼儿园制度不完善、管理不严有关的事故 27 起，占事故总数的 79.4%，列第一位；

②与教工责任心差有关的事故 16 起，占事故总数的 47%，列第二位；

③与幼儿自我保护意识和技能缺乏有关的 6 起，占事故总数的 20.6%，列第三位。

[图表：幼儿园安全事故的间接原因统计]

制度管理问题 79.40%　教工责任心差 47%　幼儿自护能力差 20.60%

图 1.2　幼儿园安全事故的间接原因统计

(二)国家安全政策强力推行

儿童是国家的希望和民族的未来，中小学和幼儿园的安全问题历来受到我们党和政府的高度重视，校园安全工作也取得了很大的进步。自 20 世纪 50 年代以来，我国制定了许多校园安全方面的法律法规，除了《未成年人保护法》《义务教育法》和《预防未成年犯罪法》以外，还有《中小学校园环境管理的暂行规定》《学校重大食物中毒行政责任追究办法》《学校卫生工作条例》《学校食堂与学生集体用餐卫生管理规定》《关于进一步加强学校治安综合治理工作的意见》《教育部关于坚决遏制中小学和幼儿园校楼梯间拥挤伤亡事故的紧急通知》等等。

1990 年国家施行的《幼儿园管理条例》，第一条强调，必须将幼儿园设置在安全区域内,严禁在污染区和危险区设置幼儿园。

1991年全国人大常委会颁布的《中华人民共和国未成年人保护法》第十六条规定:"学校、幼儿园、托儿所不得在危及未成年人人身安全、健康的校舍和其他设施、场所中进行教育教学活动。"

自1996年起,我国就建立了全国中小学和幼儿园安全教育日制度,将每年3月最后一周的星期一定为全国中小学幼儿园安全教育日。有的学校甚至还设置了安全教育周、安全教育月,说明了我国对中小学和幼儿园安全的重视。

1996年6月开始实施的《幼儿园工作规程》第十六条明确提出,幼儿园应建立房屋、设备、交通、消防等安全检查和防护制度,建立幼儿接送制度和食品及药物等管理制度,防止发生各种意外事故。该版本与1989年版《幼儿园工作规程》第三章都对幼儿园的卫生保健做出了相应的规定。

2001年教育部颁布的《幼儿园教育指导纲要(试行)》明确要求:"幼儿园必须把保护幼儿的生命安全和促进幼儿健康成长放在工作的首位。"其中第二部分"教育目标与内容要求"中健康教育的目标第三条要求让幼儿"知道必要的安全健康常识,学习保护自己"。

2004年教育部颁布的《教育部关于进一步加强幼儿园安全工作的紧急通知》中规定:"各省、自治区、直辖市、兵团应根据有关法规,要求各级各类幼儿园,特别是民办幼儿园建立健全安全防护等各种规章制度,强化常规管理。各级教育行政部门要加强对幼儿园、学前班的管理,并建立幼儿园、学前班安全工作的行政人员责任制,要具体落实到岗位和人员。"

2005年,教育部联合公安部等十部委下发了《中小学和幼儿园安全管理办法》,对各部门安全责任、学校安全管理制度、学校日常安全管理、安全教育、校园周边安全管理和事故处理等方面提出了明确要求。

2006年修订的《义务教育法》首次将学校安全教育写入了法律,为中小学和幼儿园开展安全教育提供了依据和保障。教育部制订的《中小学公共安全教育指导纲要》,将公共安全教育纳入了中小学和幼儿园在校教育。

2006年9月1日国家正式实施的《中小学幼儿园安全管理办法》,明确了对学生进行安全教育是安全管理的重要工作环节,文件专列一章,规定了"学校应当按照国家课程标准和地方课程设置要求,将公共安全教育纳入教学内容,对学生开展安全教育,培养学生的安全意识,提高学生的自我防护能力""学校应当每学期至少要开展一次针对洪水、地震、火灾等灾害事故的紧急疏散演练活动,使师生掌握避险、逃生、自救的方法。"[2]

2006年,教育部发布全国中小学和幼儿园安全事故总体形势分析报告,首次以报告的形式分析了全国中小学和幼儿园的安全形势。

2007年6月1日修订的《未成年人保护法》,其中规定了"国家、社会、学校和家庭应当教育和帮助未成年人维护自己的合法权益,增强自我保护的意识和能力,增强社会责任感"。

2010年11月21日国务院颁布了《国务院关于当前发展学前教育的若干意见》(国发[2010]41号),其中第六条明确提出:"强化幼儿园的安全监管。各地要高度重视幼儿园安全保障工作,配备保安人员,加强安全设施建设,健全安全管理制度,明确安全责任制,落实各项安全防护措施,严防事故发生。相关部门要按职能分工,建立覆盖全面的幼儿园安全防护体系,加大安全工作力度,加强监督指导。"幼儿园管理者要提高安全防范意识,加强园内的安全管理。幼儿园所在街道、社区及村民委员会要共同做好幼儿园安全管理工作。其中第八条提出:坚持科学进行保教,保障幼儿身心健康发展。

2012年,卫生部印发《托儿所幼儿园卫生保健工作规范》。

2013年发布的《幼儿园工作规程(修订稿)》在第三章增加了"幼儿园的安全管理"章节。

2013年12月27日上海市人大常委会表决通过《未成年人保护条例修改决定》,明确规定"要为未满4周岁未成年人配备并使用儿童安全座椅,且禁止未满12周岁者乘坐副驾驶"。

2014年2月22日,教育部印发《中小学幼儿园应急疏散演练指南》。

(三)幼儿园安全管理现状

幼儿园安全管理备受社会各界关注,同时也得到了幼儿园方面的赞同和支持,但是幼儿园安全的策略在贯彻实施过程中,仍然存在不少问题。

1. 安全教育策略落实不到位

多种调查显示[3],幼儿园园长都十分重视幼儿的安全,普遍认为幼儿应该掌握全面的安全常识,幼儿老师也应该学习多方面的安全知识,保障幼儿日常安全,沉稳熟练地面对突发事件;幼儿园老师普遍认为安全教育非常重要。然而,幼儿园普遍存在的现象却是"说起来重要,做起来次要,忙起来不要"。首先,以幼儿园园长为代表的监管层面对幼儿园教学和生活设施所存在的安全隐患检查不彻底,甚至对某些环境安全隐患视而不见;其次,很多幼儿教师的安全素养不足,对幼儿的危险行为尚不能及时发现,更谈不上给予幼儿正确的引导;第三,有的教师责任心不强,甚至会私自脱岗。现如今的幼师授课中,有这样一种现象,当教师脱岗的时候,就让幼儿自己绘画来打发时间。在这种情况下,幼儿没有人看管和监督,安全事故就极易发生。总之,各种各样的客观因素导致安全教育策略很难落实到位,幼儿的安全存在隐患。

2. 安全教育目标不清晰

安全教育的目标应该以幼儿的身心发展需求为出发点,定位于让幼儿懂得珍惜生命,乐于学习一些基本的安全保健常识和相应的自护、自救方法,学会保护自己;教育幼儿自觉锻炼身体,增强体质,养成有利于安全的行为习惯;在意外事故发生时敢于呼救,尽可能保护自己,使身体免受或少受伤害。安全教育的目标分三层逐步深入:首先,通过感知生命的重要,帮助幼儿树立安全意识;然后,引导幼儿学习必要的安全健康常识,提高自我保护意识和能力;第三,帮助幼儿养成良好的行为习惯,减少伤害事故的发生。然而,经过调查发现,大多数幼儿园所开展的安全教育仅仅是注重安全知识的掌握,忽视安全预防能力的培养、良好安全习惯的养成,安全教育目标与幼儿身心发展的水平不符合,过高、过低或搞平均主义,没有针对性、科学性和有效性。

3. 安全教育内容不完善

调查研究发现,幼儿园教师对幼儿所进行的安全教育内容多数围绕幼儿园日常生活中比较常见的问题,比如:提醒幼儿小心地滑,不要打架,吃饭细嚼慢咽,坐姿要端正,写字时要注意眼睛与书本之间的距离,要按秩序玩玩具,不要和陌生人说话等。可是幼儿毕竟年幼,对于这些叮嘱幼儿并不是很理解。况且,只有这些是远远不够的,应该让幼儿知道什么是危险的,什么事情不要做,教他们提高自我保护意识,学会自己保护自己,而不仅仅是听教师说不要做什么。幼儿需要的应该是防溺水教育,防中毒、防火和防电教育,防自然灾害教育,防震教育,如何过马路,如何与陌生人相处,如何保护自己的隐私部位,遇歹徒行凶的时候如何自我保护等全面的安全教育内容。

4. 安全教育方式方法单一

通过调查发现，约80%的幼儿园安全教育方式方法比较单一[3]，表现为：第一，安全教育教学活动只是偶尔性开展，缺乏计划性和预设性；第二，教师开展安全教育活动的随意性太大，没有形成规范的制度和体系；第三，安全教育的方法过于单一，以单纯的说教为主，体验教育、游戏、文学作品引导等方式没有运用或运用甚少。

（四）家庭安全意识不足

2013年，《哈尔滨晨报》刊登了一篇"女子闯红灯被拦：我抱着孩子车不敢撞"的报道，当问起一女子为何闯红灯时，该女子自信地说："我抱着孩子，车不敢撞！"这句话道出了我们这个社会的事实：安全意识缺失是最大的安全隐患！

幼儿由于年龄小，自我保护能力弱，本身又好奇心重、好动、好探索。在他们尝试新事物的时候，就有可能发生意外，而家长作为幼儿的第一监护人虽然害怕孩子发生意外，并认为安全十分重要，但是由于没有掌握一些防护措施，缺乏安全防范意识，或者缺乏救助常识等，导致原本可以避免或者减轻的意外伤害事故变得后果严重，给幼儿造成不必要的伤痛和伤害。

再举一个例子。一天晚上，3岁的子仪一个人在客厅玩耍，父母都在厨房忙，子仪跑过来，将一个空药瓶交给妈妈："妈妈，把它扔到垃圾桶好吗？"妈妈吃惊地问："宝宝，里面的药片呢？"子仪得意地笑了，指指嘴巴："妈妈，我都吃下去了。"这下可不得了，惊慌失措的父母赶紧带着孩子去医院检查、洗胃。不少大人不注意保管好家里的药品，放在孩子能拿得到的地方，他们想不到由此可能会导致孩子药物中毒的发生。父母作为孩子的第一任教师，为了避免儿童发生意外，家庭的教育，尤其是安全教育不能缺失。

关于如何远离危险，荀子说过这样的话："一曰防，二曰救，三曰戒，先其未然谓之防，发而止之谓其救，行而责之谓之戒，防为上，救次之，戒为下。"因此，家长不仅要成为幼儿安全知识的百科全书，安全教育方面的专家，还要成为预防危险、保障安全的践行者。孩子就像初升的太阳，他们都是热爱生命健康的，若是知道危险，他们定然不会拿自己的生命健康冒险。因此，家长不仅要以身作则，还要对孩子进行必要的安全教育。将类似"烧红的铁，摸不得，摸了手要烫坏"的安全意识，融入到孩子的心中，让他们逐渐有自我保护的能力，这样家庭才能拥有持久的幸福。

二、理论基础

针对安全事故,格林伍德(M. Greenwood,H. Woods)于1919年首次提出事故致因理论(Accident Causing Theory),他认为生产活动中存在的事故频发倾向者是事故的主要原因,并明确提出了"事故频发倾向论"[4-5],该理论把事故致因完全归咎于人的天性。随后,不同时期、不同国籍的诸多学者对事故致因理论进行了研究,其中比较有代表性的有海因里希(W. H. Heirich)的事故连锁理论、冰山安全理论和博德的事故因果连锁理论(Accident Causation Sequence Theory)等。

理论顶天,实践立地,没有理论指导的实践是盲目没有效率的。我们在对幼儿园安全风险预控管理研究的过程中,对上述理论进行了详细的梳理和研究,并以马斯洛需求层次理论,作为幼儿园安全风险预控管理研究的理论基础。

(一)马斯洛需要层次理论

马斯洛需要层次理论认为,人的需要像金字塔形状从最低层次向最高层次依次排列为:生理的需要、安全的需要、爱和归属的需要、尊重的需要和自我实现的需要[6]。按照马斯洛的需要层次理论,只有将基本的需要满足之后,才有可能发展其他需求,据此他提出了"优势需要"的概念。

从人的成长历程来说,幼儿心理和生理发展不成熟,好动、喜爱探索新事物、对危险认知能力弱、安全意识不强、自我保护防御能力较弱,因此幼儿安全事故相对比较频发。在现代社会中,幼儿的安全、健康成长不仅对家长最为重要,也是幼儿园的第一要务,因此幼儿安全风险预控研究就成为必要。马斯洛的需求层次理论在一定程度上反映了人类行为和心理活动的共同规律[7],为幼儿园安全风险预控的研究奠定了基础。

(二)事故致因理论

伯克霍夫(Berehkoff)把事故定义为在某一目的实现的过程中,突变的、违反人的意志的、迫使活动暂时或永久停止的事件[8]。事故致因理论(Accident Causing Theory)是对大量典型事故的本质原因进行分析和总结,探索事故的发生及预防规律、阐明事故的发生机理、防止事故发生的理论,提炼出的机理和事故模型[9-10]。事故致因理论主要以人身事故为对象,用来阐明事故的成因、始末过程和事故后果,以便对事故现象的发生、发展进行明确的分析[11-12]。

1. 海因里希安全理论

(1)海因里希事故连锁理论

1931年,海因里希(W. H. Heirich)对当时美国工业安全实际经验进行总结和概括,并上升为理论,提出了事故连锁理论,用以阐明导致伤亡事故的各种因素之间以及这些因素与事故、伤害之间的关系[13]。1936年海因里希出版《工业事故预防》一书,阐明了该理论的核心思想:伤亡事故的发生不是一个孤立的事件,而是一系列原因事件相继发生的结果,即伤害与各原因相互之间具有连锁关系[14]。

海因里希把伤害事故发生的原因、过程、结果描述为具有因果关系的事件连锁:①事故的结果是发生人员的伤亡;②人的不安全行为或(和)物的不安全状态是导致事故发生的原因;③人自身的缺点是造成人不安全行为和物不安全状态的原因;④不良的环境和先天的遗传因素造成人的缺点(缺陷)。

根据事故连锁的过程,海因里希概括了事故连锁发生的5个因素:

第一,遗传及社会环境。社会环境及遗传因素是造成人的缺点的原因。遗传因素可能使人具有鲁莽、固执、粗心等对于安全来说属于不良的习惯或者性格;社会环境可能妨碍人学习安全知识,助长不良性格的养成。

第二,人的缺点。人的不安全行为或人自身所造成物的不安全状态大多是由人的缺点导致的。人的缺点既包括先天性的人格缺陷(如粗心、神经质、固执等),也包括诸如后期学习不足导致的安全知识储备过少或者技能不熟练的后天缺陷。

第三,人的不安全行为或物的不安全状态。人的不安全行为是造成物的不安全状态的主要原因。因此,海因里希认为,人的不安全行为才是造成事故的主要原因。

第四,事故。事故是由于物体、物质、人或放射线等因素的作用或反作用,使人受到或可能受到伤害的、出乎意料的、失去控制的事件。

第五,损害或伤害。由于事故而导致的财物或者人身的损害或者伤害。

海因里希用多米诺骨牌理论(Domino Theory)来形象地描述事故的因果连锁关系,具体如图1.3所示。如果第一块骨牌倒下(即第一个原因出现),后面的骨牌会因被碰到而相继倒下,最后一块骨牌即为伤害。

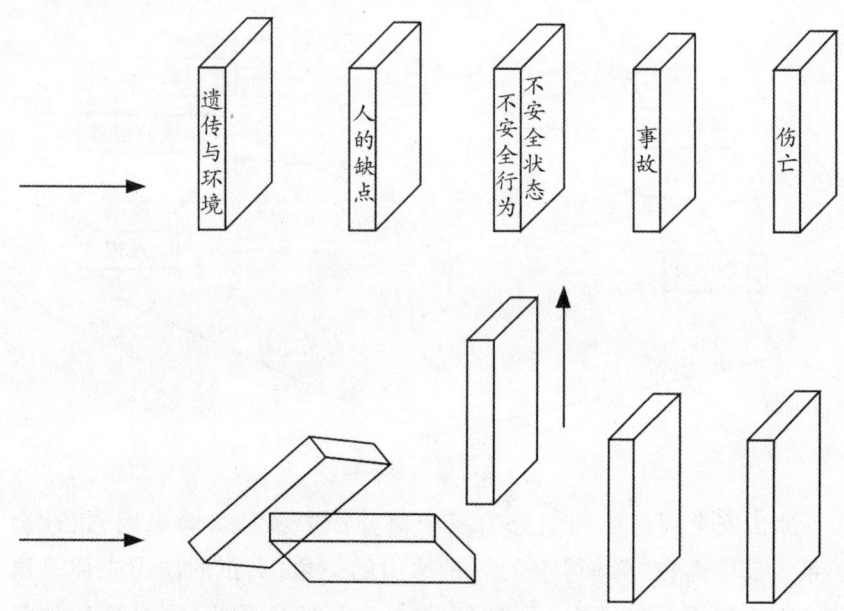

图1.3 多米诺骨牌事故连锁

海因里希通过调研75000件工伤事故,发现88%的事故是由于人的不安全行为导致,10%是由于物的不安全状态导致,其中只有2%是由于不可控因素(天灾)造成的。由上述我们可以得知,海因里希认为物的不安全状态也是由于人的不安全行为引起的,人是造成事故发生的罪魁祸首。因此,海因里希强调安全管理的核心思想是移去事故连锁中的一块骨牌——中断事故连锁过程,避免事故发生。

(2)海因里希冰山理论

1941年,海因里通过统计55万起事故发现:死亡、重伤事故1666起,轻伤事故48334起,其余则为没有引起伤害的事故[15]。由此,海因里希得出一个法则:在事故当中,严重伤害、轻度伤害和无伤害事故的比例为1:29:300,就是说一旦有300个未遂或隐患,必然要发生29起轻度伤害,另外还有一起重伤、死亡或重大事故。由于该比例类似大海中漂浮的冰山,故常被称为"冰山理论"[16]。

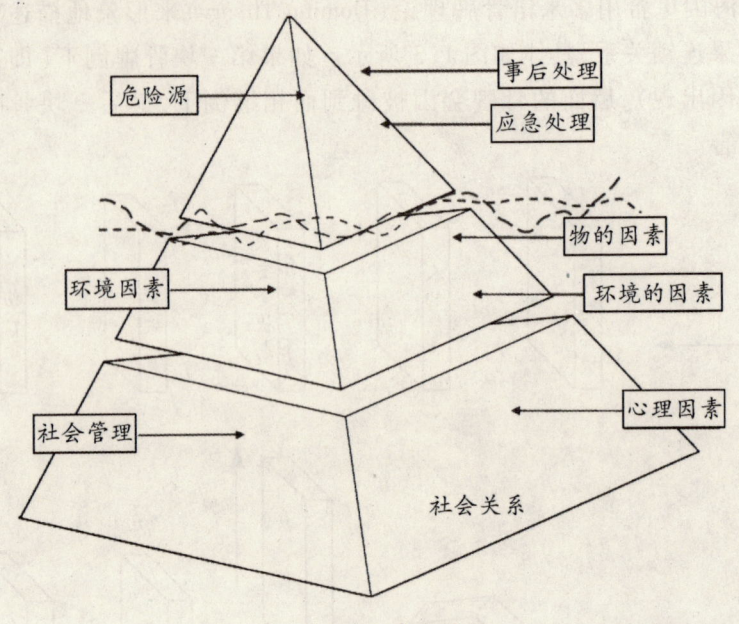

图1.4 冰山安全理论

冰山安全理论结构图分为三个部分:事故因素,隐患因素,社会关系。其中露在"海面"上的只是冰山的一角,真正的冰山主体是隐藏在下面看不见的部分,而这部分由于人们看不见,反而最易被忽略掉[16]。

事故层次是冰山理论的上层部分,由危险源、事故处置、事后处理三部分组成,这部分是"冰山"露出来的部分,看得见的事故现象,是直接可以记录的人身伤亡事故、设备事故与重大损失事件。如果仅仅治理这部分事故,只有"亡羊补牢"之嫌,不能起到预防的效果。

因此,必须对事故的隐患因素和社会关系进行深入研究,才有可能最大限度地预防事故的发生。其中隐患因素是中间部分,是"冰山"的第二层,是安全事故潜在的因素,其包括人的不安全行为、物的不安全状态、环境的不安全状态以及管理的缺陷等潜在因素。社会关系是冰山底层的部分,是安全事故的综合根源,例如人的麻痹心理、侥幸心理等等。

"船到江心补漏迟,事故临头后悔晚",著名的"冰山理论"提醒我们:只有构建有效的安全风险预控管理体系,不断地把事故隐患消灭在萌芽状态,才是最行之有效的办法和真理[17]。

2. 博德事故因果连锁理论

1974年,博德(Jr. Bird)在海因里希事故因果连锁理论的基础上,提出了反映现代安全管理理念的事故因果连锁理论[18],如图1.5所示。博德认为导致事故发生的直接原因在人的不安全行为和物的不安全状态,间接原因便是个人和工作条件因素,间接原因的存在又导致直接原因的产生,因此追根究底,管理上存在的问题或缺陷是导致间接原因存在的根本[19]。

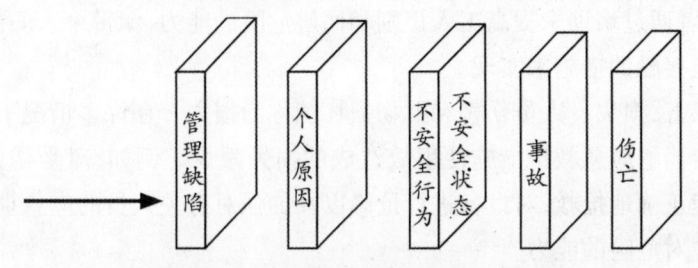

图1.5 博德事故因果连锁理论

博德从管理缺陷、个人和工作条件、人的不安全行为和物的不安全状态、事故、伤亡五个因素来阐述因果连锁理论。虽然和海因里希同样具有五个因素,但含义却各有不同[20]:

第一,根本原因——安全管理。事故因果连锁中最本质的原因是管理。对于大多数企业来说,只依靠技术来预防事故是不可实现的。只有通过不断完善安全管理制度、方法、工具等,才有可能最终达到预防事故的目的。作为一个管理者,必须要意识到:只要没有达到本质安全,就有发生事故及伤害的可能性,因此,安全管理是事故预防重要的一环。控制是管理职能之一,安全管理的控制包括对人的不安全行为和物的不安全状态的控制。同时安全管理要随着时代的发展不断更新和完善,降低管理缺陷出现的几率,将事故发生的可能性降到最低。

第二,间接原因——个人原因及工作条件。为了从根本上预防事故,必须追根溯源,查明原因,并针对这些原因采取恰当的对策。个人原因包括缺乏安全知识或技能,行为动机不正确,生理或心理有问题。工作条件方面的原因包括安全操作规程不健全,设备、材料不合格,以及温度、湿度、气体、噪声、照明、工作场地状况(如容易滑倒的地面、障碍物、不可靠支撑物、有危险的物体)等环境因素。只有找出并控制这些原因,才能有效地防止事故的发生。

第三,直接原因——人的不安全行为或物的不安全状态。直接原因只是一种表面现象,是深层次原因的表征。在实际工作中,如果只是抓住表面的直接原因而不深究其背后隐藏的深层次的原因,不可能达到预防事故的效果。

第四,事故。博德从能量的观点把事故看作是人的身体或构筑物、设备与超过其极值的能量的接触,或人体与妨碍正常生理活动的物质的接触。为了防止事故的发生,可以通过改进装备、材料及设施防止能量释放,或者通过培训来提高工人识别和回避危险的能力,佩带个人防护用具等防止接触的措施来实现。

第五,损失。人员伤害和财物损坏统称为损失。在许多情况下,可以采取恰当的应急救护措施使事故造成的损失减少。例如,对受伤人员进行迅速正确地抢救,对设备进行抢修以及加强对有关人员的应急训练,提高其应对危险的能力。

随后,托普斯(Topves)对博德理论进行了简单地发展——在事故之后引入初始损失和最终损失,构成了如下的因果连锁:管理缺陷—基本原因—直接原因—事故—初始损失—最终损失[20]。在事故与初始损失之间可以通过设置屏障,在初始损失后可通过采取应急行动防止或减少最终损失。

博德事故因果理论认为事故的根本原因在于管理的缺陷,这一理论与当前我国高危行业的安全管理工作的实践比较一致,同时对我们拓展幼儿园安全风险预控理论也有很强的借鉴意义。

三、幼儿园安全风险预控管理术语

(一)危险源、不安全行为、事故

1. 危险源

危险源是可能导致死亡、伤害、职业病、财产损失、工作环境破坏或这些情况组的根源或状态。在《职业健康安全管理体系要求》(GB/T28001-2011)中的定义为:可能导致人身伤害和(或)健康损害的根源、状态或行为,或其组合。危险源由三个要素构成:潜在危险性、存在条件和触发因素。

2. 不安全行为

不安全行为是人表现出来的、与人的心理特征相违背的、非正常行为。职工在职业活动过程中，违反劳动纪律、操作程序和方法等具有危险性的做法，也是"三违"的部分内容。

3. 事故

《辞海》中对"事故"的解释是"意外的变故或灾祸。今用以称工程建设、生产活动与交通运输中发生的意外损害或破坏"[21]。伯克霍夫认为，事故是人为实现某种意图而进行的活动过程中，突然发生的、违背人的意志、迫使活动暂时或永久停止的事件。苏赫曼（E. A. Suchman）认为事故至少具备三个条件：可预见的程度低、可避免的程度低、有意造成事故的程度低，也就是说事故是人对环境缺乏预见性，难以避免和无意引起的灾难。综上，事故是导致正常活动中断，并伴有人身伤亡、物质上的损失的意外灾害事件[22]。

事故是动态发展的，它开始于危险的激化，并以一系列原因事件按一定的逻辑顺序流经系统而造成的损失[23]。事故发展包括三个阶段：（1）前期的孕育阶段，即潜在的危险源，此时由于其无形，所以它的存在不易被人们感知到；（2）中期的生长阶段，此阶段源于潜在危险源的存在，在此阶段中，人们可以辨识出其具体形式的事故萌芽；（3）后期的损失阶段，即危险因素进行了能量的意外释放造成了相应的损失。结合安全管理的宗旨，必须通过相应的安全管理方法、手段或工具将危险扼杀在前期阶段或中期阶段[24]。

针对本文的事故研究，我们采用《新焦点：当代中国少年儿童人身伤害研究报告》中对意外伤害事故的定义：意外伤害事故主要包括溺水、跌落、烧烫伤、窒息、交通事故、磕碰伤、中毒、动物咬伤、触电、玩具伤害等，它会造成非常致命的损伤和死亡[25]。

（二）风险预控

风险预控是指评估风险大小以及确定风险是否可容许的全过程。

风险预控一般包括两个阶段的工作：一是风险分析，即根据既往的经验分析事件发生的可能性，并依据二拉平原则（As Low As Reasonably Practicable, ALARP），分析事件发生后造成的直接后果及其性质，以及造成的影响；二是风险评价，即按照确定的标准，计算风险大小，确定风险是否在可承受范围内。

风险评估的目的就是要将工作场所内,当前处于不可承受风险下的危险源认定出来,进而采取适当的控制措施,降低和消除风险保障安全。

(三)安全评测

安全评测是运用本质安全理论的原理与方法,对幼儿一日在幼儿园从入园到离园全过程中存在的危险、有害因素进行辨识与分析,从而判定园长、教师及家长在看护孩子过程中的安全认知程度,为制定安全防范措施减少幼儿园安全事故提供科学依据。安全评测既有科学的安全理论做支撑,又与幼儿一日的实际生活经验相结合,是一套科学完备的幼儿园安全测评工具。

幼儿安全专业评测,通过简单的在线问答形式,清晰地检测出幼儿安全知识是否正确、全面,且足以保障自身的安全。

通过安全评测可以检验家长在安全育儿方面是否合格;检验自己是否具备幼儿安全成长方面的理念,缺少哪方面的知识,哪些方面需要进行巩固和强化。

安全评测还能够检验老师是否掌握相关安全规定、要求,能够检验幼儿园安全管理水平,给出安全测评报告、成长趋势、专家综合点评与指导建议。安全评测让园长掌握所在园的安全管理水平,让家长信任幼儿园。

四、危险源辨识与控制的方法

近些年,我国的幼儿园数量增长迅速,但伴随而来的却是安全事故频发。据不完全统计,2014年内被媒体披露的幼儿园安全事故达一百多起,如何保障安全、预防事故成为社会讨论的热点,其中事故预防的核心是对危险源的预控[26]。如今,国内外对危险源还没有一个统一、权威的定义。危险源英文"Hazard"被解释为"A Source of Danger",即"危险的源头",Willie Hammer(1989)将危险源定义为可能导致人员伤害或财务损失、潜在的不安全因素[27]。Sterman研究的系统安全则指出,所有人类活动中都有危险源的潜伏,而事故发生的根本原因则在于危险源的存在,通过管理控制手段对事故进行预防的最好方法就是控制所有可能引发事故的危险源[28]。美国职业安全与健康管理中心将危险源定义为:导致伤害、损害或危害的潜在因素[29]。赵宏展(2006)认为危险源可以是物质性的,也可以是意识上的,没有确定的物理位置;也可能存在于人们(如管理层、员工)的思想上,如管理安排不当、违章指挥、缺乏安全意识、培训不充分等都可以看作危险源[30]。

(一)危险源辨识

危险源辨识是指识别危险源的存在并确定其特性的过程,危险源辨识分析过程中主要考虑危险源的三个构成要素:潜在危险性、存在条件和触发因素[26,31]。

要进行危险源辨识就不得不追溯事故的源头,清楚危险源产生的原因,危险源产生于物(玩具、设备)的不安全状态,人的不安全行为,管理缺陷,可能造成幼儿中毒、发生意外的环境和条件。

危险源辨识首先应当考虑存在危险源的业务活动或者场所,包括:幼儿园选址、幼儿园的整体布局、建筑物、组织的活动(晨间活动、户外活动、大型活动等等)、大型玩具、园内配套设施、应急设施、各项制度、人员等等。

(二)危险源辨识的方法

当前,学者从不同的切入点对危险源辨识的方法进行了研究,也得出了很多有价值的成果。但是在危险源辨识的过程中,使用一种方法不足以全面地识别所存在的危险源,必须综合地运用两种或两种以上的方法。常用的危险源辨识方法可分为经验对照分析和系统安全分析两大类。

经验对照分析法是通过对照有关标准、法规、检查表或依靠分析人员观察分析能力,借助于经验和判断能力直观地评价对象危险性和危害性的方法。该类方法主要包括:询问交谈、问卷调查、现场观察、查阅有关记录、获取外部信息、工作任务分析等。

系统安全分析是把系统中复杂事物分成较简单的组成部分,找出各组成部分之间的内部联系,查明危害的过程。系统安全分析目的是为了在整个系统寿命周期内,根除或控制危害,也称系统危害分析。系统安全分析方法有数十种之多,从数理角度可分为定性和定量分析法两类,按逻辑思维方式可分为归纳法和演绎法两类,按是否能反映时间和环境的变化可分动态和静态两类。常用的方法有鱼刺图分析、安全检查表、危险性预先分析、故障类型与影响分析、致命度分析、事件树分析、事故树分析、因果分析和可操作性研究等。

危险源辨识是安全风险预控的主要内容,影响到安全风险预控方针的制定,所以危险源是将幼儿园安全风险预控和管理连接起来的重要环节,是安全风险预控管理的基础。具体如何辨识、控制危险源如下图所示:

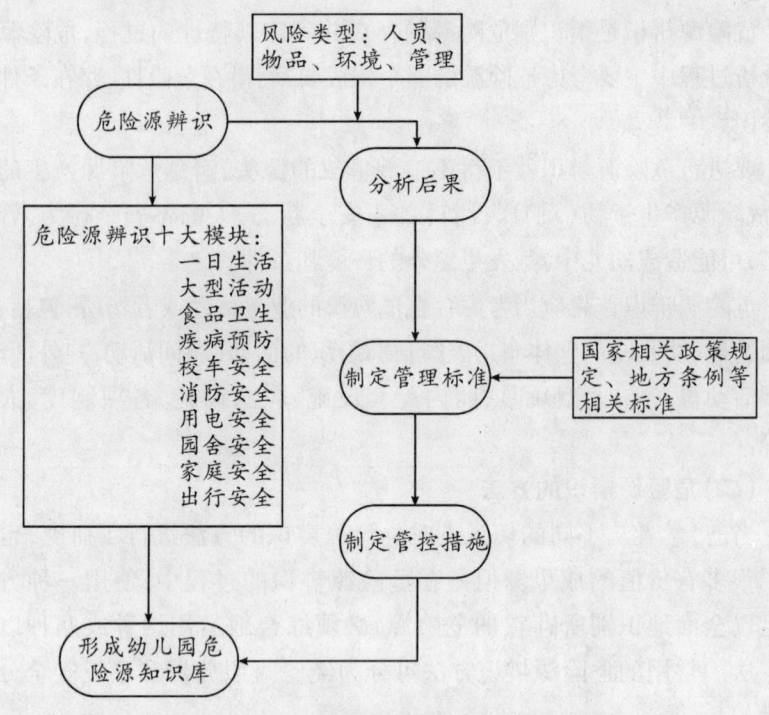

图 1.6　幼儿园危险源辨识和控制的方法

五、管理标准及措施制定的方法

危险源是风险预控管理的主要对象。因此我们在危险源辨识的基础上,对危险源进行详细的分析,从人、物、环、管四个方面分析可能导致事故的原因,提炼可能导致事故或触发危险源的管理对象,从而有针对性地制定管理标准及措施。

(一) 管理对象的提炼

风险预控管理对象是可能产生或存在风险的主体,根据每个人的职责逐一提炼出具体管理对象,确定相关责任人和监管人员,如表 1-1,"人"的管理对象是"当班教师","环"的管理对象是"楼梯","物"的管理对象是"桌椅"等等。

(二)管理标准和措施制定

管理标准是针对管理对象所制定的用于消除或控制风险的准则;管理措施是达到风险管理标准的具体方法、手段。在确定管理对象的前提下,根据危险源的内容收集和整理有关法律、法规、标准、规程、规范等相关资料,并根据其要求编写管理标准与管理措施。

(三)管理标准和措施审核

由于幼儿园情况比较特殊,除了学前教育方面的权威学者和安全管理方面的专家之外,还需要幼儿园的园长给予指导,解决工作过程中出现的问题。因此,在管理标准与管理措施初稿完成后,应组织相关人员(幼儿园园长、安全领域的专家、学前教育领域的专家)对初稿进行审核,并根据审核意见修改、完善,保证管理标准和管理措施既有权威性,又有可操作性。

表1-1 幼儿园一日生活的危险源风险管理标准与管理措施

类别	流程	步骤	危险源	风险类型	风险描述	后果	管理对象	管理标准	直接责任人	直接管理人员	主要监管人员	管理措施
一日生活	入园	接待准备	未给教室通风、未整理教室卫生		可能导致幼儿身体不适;不能有效切断传播途径,致使传染病流行	有害健康	当班教师	1.提前开窗通风 2.每日至少开窗通风两次,每次至少10~15分钟 3.每日对室内空气消毒两次,消毒时间30~40分钟 4.采取湿式清扫方式清洁地面 5.如发现意外情况(如大风、动物弄脏地面或其他地方)应及时处理	教师	班主任	保教干事/保健医生	1.班主任应监督检查当班教师的卫生消毒等工作,确保幼儿生活环境的安全卫生,保证幼儿安全 2.保教干事/保健医生应每天对各个教室进行巡视,确保班级开窗通风,并做好卫生消毒工作。如发现未按照标准做按园内相应制度考核

续表

类别	流程	步骤	危险源	风险类型	风险描述	后果	管理对象	管理标准	直接责任人	直接管理人员	主要监管人员	管理措施
一日生活	教学活动	教学环境	楼梯扶手尖锐	环	可能会导致幼儿摔倒磕伤	磕碰伤	楼梯	1.儿童使用的扶手安装在坡道面层或楼梯踏步小突沿之上20~28英寸（51~71厘米），建议2~5岁的儿童扶手高于楼梯或坡面层22~26英寸（56~66厘米），为了减少被夹住的危险，两格扶手之间的距离至少有9英寸 2.扶手表面及边缘应光滑平整，转弯处无棱角 3.后勤人员应在楼梯处加设符合幼儿安全使用标准的扶手	后勤人员	后勤主任	园长	1.后勤主任定期对后勤人员的检查工作进行监督检查，发现问题及时解决，并对后勤人员进行批评教育 2.园长不定期进行监督检查，发现问题及时解决，并依据相关制度对后勤主任进行考核
	教学活动	教学环境	楼梯踏步过高	环	幼儿踏上没会导致摔倒	磕碰伤	楼梯	1.楼梯踏步的高度不应大于15厘米，宽度不应小于26厘米 2.每个梯段的踏步一般应不超过18级，不少于3级 3.后勤人员应检查楼梯踏步，太高时进行整改	后勤人员	后勤主任	园长	1.后勤主任/园长要牢固树立安全高于一切的意识，在安全上实行精细化管理，并落实于每一个细节 2.凡事先调查研究，以幼儿为本，为孩子创设安全、温馨、适宜的成长环境

续表

类别	流程	步骤	危险源	风险类型	风险描述	后果	管理对象	管理标准	直接责任人	主要监管人员	管理措施
一日生活	教学活动	教学环境	桌椅有尖角	物	可能导致幼儿碰伤	磕碰伤	桌椅	1.不采用钢木结构桌椅,也不采用折叠式或翻板式桌椅 2.儿童桌椅的外表和内表以及儿童手指可触及的隐蔽处,均不得有锐利的棱角、毛刺以及小五金部件露出的锐利尖端 3.一把儿童椅的质量,不超过2.5千克 4.后勤人员每天检查桌椅的使用情况,发现异常情况及时进行整改	后勤人员	后勤主任	园长	1.后勤主任要有牢固的安全意识,采购或定制安全无隐患的桌椅 2.园长不定期进行监督检查,发现问题及时解决,并对后勤主任进行批评教育

六、理论与事故的对话

幼儿园安全管理研究不仅限于理论的探索,而是进行了理论和实践有机结合,我们尝试着在实践中验证理论、深化对理论的认识、发现新的规律,又用理论指导实践,最终达到理论与实践的统一,得到经得起推敲的结论。

(一)湖南湘潭"夺命校车"事故——冰山安全理论

1. 事件概述

2014年7月10日下午5点左右,湖南湘潭市雨湖区响塘乡金侨村乐乐旺幼儿园所属的一辆校车放学途中翻入水库。11日凌晨3点左右,事故车被打捞上岸,确认造成11人遇难,其中幼儿8名。

事故发生后,每个遇难幼儿获赔56万元,每个遇难教师获赔68万元。据《法制晚报》报道,遇难幼儿56万元赔偿款和救助款由涉事的乐乐旺幼儿园支付。

长沙市公安局岳麓分局依据《中华人民共和国刑法》第一百三十四条第一款之规定,以涉嫌重大责任事故罪,于12日对幼儿园负责人予以刑事拘留,并对4名公职人员免职[15]。

2. 冰山安全理论和事故的对话

从浮出水面的冰山一角,让我们看到的是又一起惊心动魄的校车夺命事故,以及这一现象带给我们的困惑:为什么校车事故一再上演,却未能根治呢?一辆喷上黄漆、写上"校车"两字的面包车,其实并不能代表安全。

显露的冰山——事故

- 11名人员死亡
- 600多万元的资金赔偿
- 幼儿园停办,面临倒闭
- 幼儿园负责人被刑事拘留
- 4名公职人员被免职

水平面

第二层次——隐藏在事故背后的隐患

人的不安全行为
- 不按安全路线行驶
- 超载

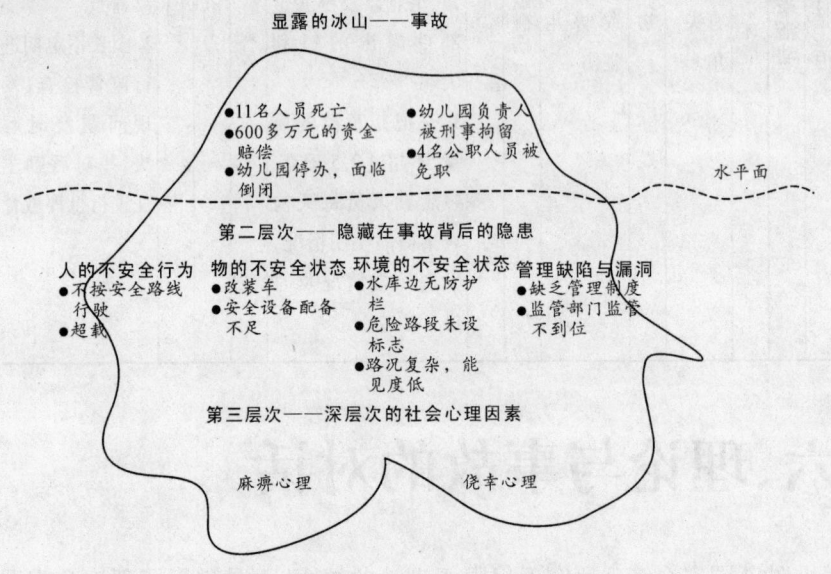

物的不安全状态
- 改装车
- 安全设备配备不足

环境的不安全状态
- 水库边无防护栏
- 危险路段未设标志
- 路况复杂,能见度低

管理缺陷与漏洞
- 缺乏管理制度
- 监管部门监管不到位

第三层次——深层次的社会心理因素

麻痹心理　　侥幸心理

图1.7　冰山安全理论与事故的对话

然而第二个层面——藏于水下的中间部分。在事故发生之前,已经有隐患出现。

据调查,校车超载、未按审定路线行驶是本次事故发生的重要原因。结合冰山理论,我们从人员、校车、环境、管理四个方面进行全方位的分析。

人员:从这次事故暴露出的核心问题来看,校车司机未按安全路线行驶,事发路段不在该校车经审定的通行线路内,而且事故车为一台核定载客人数为8人的五菱牌改装校车,事发时车上仍载客11人,实际共载客15人,超载近1倍。两小时车程内有平坦的乡级公路,也有崎岖山路,最窄处不过3米,仅容勉强通过,沿途要经过数个水塘,幼儿家长曾担心过路不好走,多次叮嘱司机要开慢车,可还是阻止不了超速。据当地村民反映,此前校车司机安全意识淡漠、抄近路、违章等危险驾驶行为时有发生。

校车:本身是改装车,不是正规的校车,车辆性能不好,隐患突出,安全保障也不到位。比如:校车内并未配置卫星定位、逃生锤等。

环境:路况复杂,校车行驶的路线通常七弯八绕,沿途经过至少5个水塘,发生事故的道路是一条窄窄的石子路,路面崎岖不平,靠近水塘的地方没有任何护栏,也没有悬挂任何警示标志。

管理:虽然校车车身涂成了黄色、挂上了警示灯,但校车的管理基本流于形式,校车司机危险驾驶行为时有发生,而幼儿园在校车司机管理方面并未重视,未加强培训;甚至为了节省经费,容许校车冒险超载;加上,当地属于湘潭与长沙交界的乡下,没有交警监管,更加纵容了校车司机违规驾驶的行为。违反了《校车安全管理条例》的多条规定,比如:第30条规定校车运载学生,应当按照经审核确定的线路行驶;第34条规定了校车载人不得超过核定的人数,不得以任何理由超载。

由此可见,不管是人员、设备、环境、管理哪方面的问题没有解决好,归结来说还是人的问题:无知——无畏;知之——无为。而无畏、无为背后更多的是人的无知、侥幸和麻痹心理在作祟。比如:园长想省钱,超载送孩子回家;司机想早点回家,少跑几趟路,所以不按规定路线行走,抄近路;以往校车一直没有发生事故,所以认为这次也不会的侥幸心理;对其他省份以往发生的事故的麻痹心理;司机屡次违规,除了知之无为,还有一部分就是无知无畏,未受过安全教育的无知心理。

(二)小药瓶夺去女童光明——海因里希事故致因连锁理论

1. 事故的概述

2012年10月16日下午1点,在湖北省武汉市的一家幼儿园中,有一个女童园园的眼角膜被小药瓶碎屑割伤,最后导致失明,保健医生陈老师被开除,园方赔偿园园医疗费30万元,以及精神损失费10万元。

事故发生的原因很简单,因为园园感冒需要喝药,家长给幼儿园提供的药品是玻璃瓶装的口服液,保健医生陈某在打开药瓶时不小心将瓶口弄碎,但是她并没有将口服液倒出来让园园服用,也没有将碎屑清理,致使碎屑残留在瓶口处,园园在用手喝药的时候不小心沾上了玻璃碎屑,此时,园园因为用手摸眼睛,导致碎屑进入,园园感到眼睛不舒服,用手揉眼,最终导致碎屑割伤眼角膜。

2. 海因里希事故连锁理论与事故的对话

从这起事故的经过来看,事故的发生是一环接一环,只要少一环事故就不会发生,这其实也正是海因里希连锁反应理论的原理,伤亡事故的发生就像多米诺骨牌一样,是一系列事件相继发生的结果,若是去掉中间的任意一环,事故都会得到阻止。如当时家长买的药不是玻璃瓶装的,而是其他材质的药瓶,事故便不会发生。

如下图所示,可能由于遗传或者社会环境的原因导致教师粗心、缺乏安全知识,进而产生不安全的行为(未处理破损的瓶口),造成物的不安全状态(瓶口破损),从而女孩用沾有碎屑的手揉眼割伤眼角膜,最终导致失明。

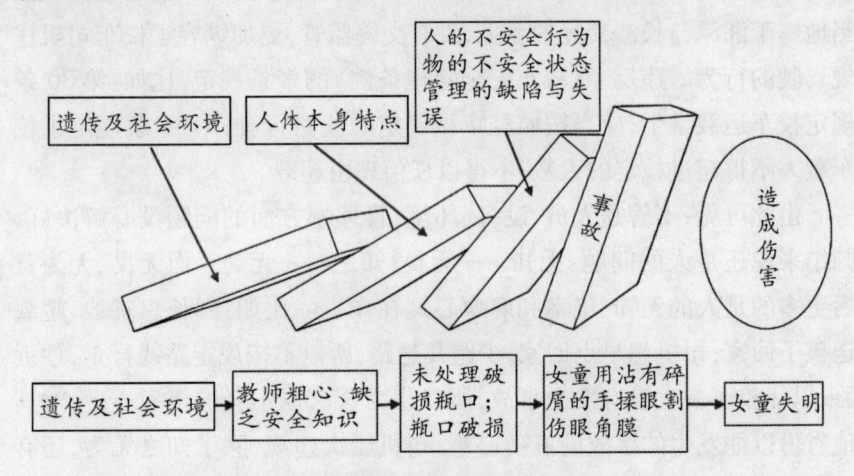

图1.8 海因里希事故连锁理论与事故的对话

这让我们认识到:事故的发生是以往的不安全行为积累到一定程度的结果。如果我们能够很好地控制事故的源头和人的不安全行为,提高人的安全素养,一定能杜绝事故的发生。

(三)幼儿园喂病毒灵事件——博德事故理论

1. 事故的概述

2014年3月10日一名家长在微博中爆料,幼儿园在未告知家长的情况下,给幼儿长期服用处方药,该微博一出,立刻引起了家长的强烈反响,家长们在幼儿园蹲守一夜讨说法。11日,药监、卫生部门开始调查取证,当天园长、保健医生被控制。12日,事件持续发酵,另一家幼儿园被曝出同样的事件,被喂药幼儿增至1990名,省委书记做出批示,省教育厅表态,市委书记赶到现场进行疏导,体检结果异常的幼儿增至65名。第四天,幼儿园园长、保健医生等五人被刑拘,幼儿园正式开园,恢复秩序。

事后半个月,吉林、安徽、湖北、广东等地,多家私立幼儿园曝出幼儿园喂药事件。幼儿园安全问题一度成为社会关注的焦点,引发了幼儿园安全"信誉"危机。

那么涉事幼儿园究竟有什么样的共同点呢?据数据显示,涉事幼儿园都是民办幼儿园,规模都不小,在出事前声誉良好。

2. 博德事故因果连锁理论与事故的对话

根据相关调查,幼儿的出勤率直接与教师的绩效奖金挂钩。"对于老师而言,如果幼儿出勤不到10天,就只能拿基本工资了。"这意味着,幼儿出勤率高,幼儿园老师才能获得更高收入,幼儿园才能获更多利润。

根据博德事故因果连锁理论:事故发生的根本原因是管理的缺陷,这是间接原因发生的原因,间接原因的存在又导致直接原因的产生,最终导致事故发生。结合博德理论,我们分析出事故的本质原因是管理上把涉事幼儿园教师的绩效、收入都与幼儿出勤率挂钩。幼儿园的管理者为了"利"——幼儿园的收益,在管理层面将出勤率与绩效挂钩,教师同样为了个人的"利"给幼儿喂食"病毒灵",最终导致幼儿产生不良反应。从图中我们看出,博德理论和事故的推理具有惊人的一致性。

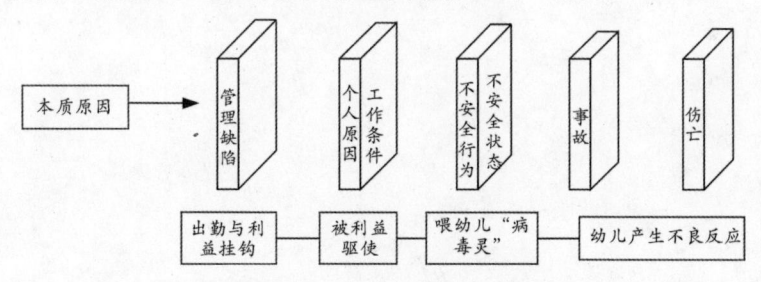

图1.9 博德事故因果连锁理论与事故的对话

海恩法则也强调两点:一是事故的发生是量的积累的结果;二是再好的技术、再完美的规章,在实际操作层面,也无法取代人自身的素质和责任心。追究人、物、环境之间的相互作用、反馈和调整,从中发现事故的致因,揭示出预防事故发生的途径。博德理论认为所有事故发生的本质原因都是管理的缺陷。

通过理论和事故的对话，我们可以看出事故致因理论的机理具有多样性、复杂性，但其无非强调三个重点：(1)安全事故风险是可以预控的；(2)事故应该从源头（危险源）抓起；(3)事故预控的重点是对人不安全行为的管理。我们在现有理论的基础上，明确应当从危险源（可能造成人员伤亡或疾病、财产损失、工作环境破坏的根源或状态）和不安全行为来预防事故的发生。其中，危险源从四个方面来进行分析：(1)教职工、家长以及幼儿无意识、习惯性以及过激的不安全行为；(2)设备设施的选用标准、使用以及保养维修时的不安全状态；(3)室内室外环境选址、设计及维护时的不安全因素；(4)安全管理制度的缺陷，管理方法不完善以及安全工具的缺失。人的不安全行为（是人表现出来的、与人的心理特征相违背的非正常行为）也将作为我们研究的重点，以实现360度全方位保障孩子的安全，预防事故发生的目的。

第二章

幼儿园一日生活危险源管理

幼儿园一日生活是指幼儿从早上入园到下午离园所经历的各项活动，主要包括入园、晨间活动、教学活动、区域活动、户外活动、饮水、盥洗、午睡、进餐、如厕、离园这十一类。一日生活的制度化和衔接性也有助于教师合理开展活动，并帮助幼儿预见接下来要发生的事。但因幼儿生理、心理发展的不成熟，好奇、好动、好模仿的天性，幼儿又容易发生很多安全事故[32]。从一日生活这些环节查找幼儿在园的危险源，可以帮助幼儿园教师、保育员和其他相关人员关注幼儿安全事故发生的隐患，并采取有效措施尽量减少甚至杜绝危险的发生。

一、入园

入园即幼儿进入幼儿园的一系列活动，这一环节是幼儿在园一日生活的开始，也是幼儿园安全管理的第一步。入园环节是否有序安全的进行，对后面环节的开展有着重要影响。做好入园工作，可以为每一位幼儿的健康、安全设立第一道防线，也可以为幼儿愉悦地度过一天的在园生活打下基础。反之，则可能威胁幼儿安全，引起很多不必要的麻烦。因此老师及园所的工作人员要紧紧地抓住这一环节，有计划有组织地进行各种活动，保证幼儿愉悦的心情和幼儿园一日生活的顺利进行。对于这一环节，可以从接待准备、晨间、门卫安全三个方面来进行危险源管理。

(一)接待准备

接待准备是入园的重要组成部分，它不仅是幼儿一日愉快情绪开启的重要时机，更重要的是教师与幼儿个别化互动以及对幼儿实施养成教育的有效途径，是建立良好家园关系、促进家园共育的宝贵契机。因此，在接待准备中教师要以良好的情绪开启幼儿美好的心情、以丰富多彩的活动材料减少幼儿的消极等待是非常必要和重要的。

1. 接待准备中的危险源

未给教室通风，整理教室卫生。

【案例1】2006年4月河北保定某幼儿园，由于天气变化频繁，流行感冒频发，园里要求勤通风，尤其是早上。但是早上值班老师通风工作不到位，她并没有意识到问题的重要性，总是后知后觉地开窗，在流感期间，班级多位幼儿患感冒，最终此班连续一个星期幼儿出勤率非常低，使班级内的各种活动不能正常进行,威胁幼儿健康。

2.接待准备中的预控管理措施

在幼儿园中,教师是幼儿的主要监护人。因此在接待准备中,当班教师对幼儿的安全应承担起主要的责任。在此环节,相应的预控管理措施如下:

(1)保教干事或保健医生

保教干事或保健医生应每天对各个教室进行巡视,监督检查当班教师的卫生消毒等工作,确保班级开窗通风,并做好卫生消毒工作。如发现当班教师未认真履行职责,视情况对其进行提醒、批评或按园内相应制度进行处理。

(2)当班教师

当班教师在幼儿入园前应查看之前的离园工作是否得到良好保持,如发现意外情况(如大风、动物弄脏地面或其他地方)应及时处理。提前到教室开窗通风,保持室内空气流通;在不适宜开窗通风时,每日应当采取其他方法对室内空气消毒两次,采取湿式清扫方式清洁地面。

(二)晨检

晨检是及时消除一切对幼儿健康和活动不利因素的重要环节,是幼儿园一日活动顺利进行的有效保证,因此做好晨检工作极为重要。

1.晨检的危险源

(1)未检查到幼儿携带可见性传染源性病毒(如水痘、手足口、腮腺炎等)

【案例2】2009年5月15号,沈阳市东陵区辖区内一所幼儿园——京京幼儿园连续出现9例手足口临床诊断病例突发事件。接到疫情报告后,东陵区卫生监督所、区疾病控制中心、区卫生局相关部门立即组织人员赶赴现场进行调查处理,根据现场调查情况,采取紧急措施,控制事态发展。该幼儿园由于在晨检等方面做得不到位,导致连续9例手足口的出现,这类传染病的出现直接威胁到全园幼儿的健康。

(2)对身体不适或患病幼儿情况只了解、不记录

(3)未检查到幼儿携带危险品

【案例3】2003年11月20日,陕西宝鸡某幼儿园上午进行幼儿户外活动时,两名幼儿在玩耍过程中,趁老师不注意,玩起了打火机,结果导致一名幼儿用打火机不小心烧着了另一位幼儿的衣服。在问其打火机的来

源时，幼儿说是从家里带过来的。最后分析其原因，主要是因为在入园时，没有对幼儿进行详细的检查。

（4）未注意到存在消极情绪的幼儿

2. 晨检中的预控管理措施

晨检就是要保证幼儿自身及其他人员的身心健康，避免病源和危险物品进入幼儿园。因此，在晨检中保健医生和教师对幼儿的安全应承担起最直接的责任。相应的预控管理措施如下：

（1）园长或相应负责人员

园长或相应负责人员应指定专职保健医生负责幼儿晨检，要求各班教师、保健医生及保育员都要对幼儿做到勤摸和勤查，每日深入班级巡视两次，并对患病幼儿重点关注；组织在岗工作人员每年进行1次健康检查；根据规模、接收幼儿数量等设立相应的卫生室或者保健室；负责监督，不定期检查后勤主任/后勤副园长、保健医生的晨检情况，出现问题对相关责任人进行警告并令其改正，或按园内相应制度进行考核；负责检查教师的晨检工作、接待工作，发现问题及时处理并对相关责任人进行提醒或批评。

（2）保健医生

保健医生检查幼儿健康状况应做到：一摸、二看、三问、四查。发现幼儿患病（疑似传染病）时应当及时通知其监护人离园诊治。特殊时期和特定情况下，幼儿园晨检应更严格；同时，在防疫部门的指导下有计划有步骤地做好预防接种工作，并详细记录，建立好幼儿的健康档案；在晨检中对身体不适、患病等幼儿特殊情况做好记录工作。内容包括幼儿姓名、性别、年龄、家庭住址、联系电话，异常情况纪要等，以备后续观察，同时传达给教师，提醒其多加关注[33]。

（3）教师

教师应检查幼儿书包和衣物口袋，看是否携带不安全的物品，如玻璃片、小刀等，发现后要及时处理，禁止带入幼儿园，告知幼儿勿捡、勿玩、勿食危险和有害物质，提醒家长在幼儿接触此类物品时必须进行监督；教师应面带微笑，用关切的话语迎接幼儿入园，同时进行幼儿身体和心理的双重检查，关注幼儿情绪，发现异常要与幼儿及家长沟通，了解情况，采取解决办法；应多与家长进行沟通，多鼓励家长带幼儿玩一些有趣的亲子游戏，共同促进幼儿形成积极、乐观、开朗的心理情绪，提醒家长关心幼儿的身心状态,尤其是情绪状态,教给家长一些简单易行的方法,使其在日常生活中也能培养幼儿良好的心理状态。

(三)门卫

门卫检查环节也是保证幼儿安全、家园合作互信的重要一环。

1.门卫检查环节的危险源

未坚守值班岗位。

【案例4】2010年5月12日上午8点左右,陕西省南郑县一幼儿园发生一起砍伤幼儿事件,一名男子进入幼儿园行凶,造成9死11伤,引起全社会对于幼儿安全的关注。此事件并不是偶然的,有记者在暗访时,发现很多幼儿园安全存在隐患,有些幼儿园的大门大开,门卫或者保安时在时不在,在时有陌生人招手,不询问清楚就直接开门放行,准其进入幼儿园。

2.门卫检查环节中的预控管理措施

门卫是幼儿园进出安全的一道屏障,在这一环节,门卫对幼儿的安全应承担起最直接的责任,相应的预控管理措施如下:

(1)园长或相关负责人员

①园长或相关负责人员应监督接送卡的使用情况,发现家长未带接送卡,且未核实登记的情况,应及时阻止其带离幼儿,待核实登记后方可允许其带离幼儿。如发现不负责的教师要对其进行警告,严重者进行罚款甚至开除,对情节严重者依法处理。

②园长或相关负责人员应对门卫的工作进行监督管理,确保门卫严格按照岗位标准执行,严禁闲杂人员进入园内,确保教职工及幼儿的人身安全等,对于失职的门卫要进行安全教育,对情节严重者根据相关规定处理;后勤主任/后勤副园长应定期对门卫进行安全知识培训,确保其具有在此岗位工作的能力和技能,提升其安全防护的能力。

(2)门卫

①应提醒家长必须按照幼儿园的统一要求自行为幼儿办理接送卡(幼儿照片、班级、学号、家长照片、联系电话)。对持接送卡的成人进行确认方可让其进入幼儿园。若持卡的为陌生人,门卫必须第一时间与幼儿家长联系核实身份,等待家长来接孩子才可放行,若需要委托,需要家长提前将人带给教师确认。如有家长遗失接送卡,需要跟教师确认,然后办理遗失手续,门卫才可允许其进入幼儿园。

②门卫要按要求携带相应的安保工具,坚守工作岗位,认真履行职责,严格执行门卫安全管理制度,保管好全园所有门的钥匙,严禁闲杂人员进入园内,确保教职工及幼儿的人身安全和园所的安全。在值班期间不得擅离工作岗位,不串岗,查看园内监控,做好园内巡逻,不得让外来人员随意进入幼儿活动区及食品区等。要做好幼儿园周边环境的安全秩序维护工作,严禁不明车辆进入幼儿园内,发现安全隐患要及时报告。在家长离开后,门卫要严禁幼儿擅自离园。

二、晨间活动

晨间活动指幼儿入园后,在早饭或教师统一安排活动前幼儿进行的自由活动。晨间活动是幼儿"每天户外活动不少于两小时"的重要保障,也是促进幼儿身体健康发展的重要手段和环节。[34] 晨间活动主要是幼儿自我选择的活动,既有室内的区角活动,也有户外活动。晨间活动充分尊重了幼儿的活动意愿,教师很少直接布置或安排,直接干预也较少,因此教师的日常准备和管理工作就极为重要。晨间活动的主要危险源可从三个方面查找,即活动前、活动中和活动后。另外,很多幼儿园现在也将做操放在晨间活动里,故本部分也把做操中的危险源补充其中。

(一)晨间活动前

晨间活动前的工作需要教师在幼儿入园前做好,因为幼儿入园后,就直接开始选择自己喜欢的活动内容,若此时再检查场地安全与否,材料是否充足、合适与否是极为紧张和混乱的。因此,晨间活动前的安全是保障幼儿有序、健康游戏的第一步。

1. 活动前的危险源

(1)教师未整理活动场地

(2)教师未检查活动材料的安全性与卫生状况

(3)教师未明确活动材料的使用方法和注意事项

(4)教师未准备充足的活动材料

【案例5】启明星幼儿园刚刚购置了15个呼啦圈,大班晨间活动时,方老师给幼儿讲了呼啦圈的正确玩法后就组织孩子们自由活动了。班内幼儿一拥而上抢拿呼啦圈。牛牛和天天两人抓住一个,谁也不肯松手,方老师也没有看到。牛牛抢不过来,气急之下一口朝天天脸上咬去,天天面颊红肿出血。

2. 晨间活动前的预控管理措施

(1)教师

教师应提前检查场地状况,保证地面平整防滑、无障碍尖锐突出物,并要检查活动场地附近的各种设施是否存在安全隐患,如器械是否固定牢靠等;同时要检查活动中幼儿接触材料的安全性与卫生状况,确保不会因材料的小零件或尖锐处致使幼儿受伤,并应对活动材料进行定期的清洁处理,避免细菌滋生;活动前还必须确保幼儿能正确使用材料,并在日常教育中结合活动有针对性地强调不正确使用材料的危险后果,发现幼儿因操作不当或出现打闹、吞食的现象,要立即处理并纠正幼儿的做法;活动的设计既要考虑促进幼儿成长的目的,又要考虑活动趣味性的要求,因此要有目的、有计划地变换花样开展晨间活动,丰富晨间活动的内容与形式,调动幼儿投入活动的积极性,避免活动过于单一;活动前应对幼儿人数进行清点,确保材料数量与幼儿人数相适宜,也可以让幼儿分组开展活动,鼓励小组合作。

(2)保教干事

保教干事应在活动前查看教师是否对活动场地进行检查,如发现问题应及时找后勤人员处理并对教师进行提醒;同时要监督教师对活动材料的使用,对教师的不适当行为及时提醒或批评;还要定期做活动器材采购计划,及时更换破旧器材,并确保器材数量足够以及种类多样。

(3)保教主任/保教副园长

保教主任/保教副园长对保教干事进行相应的安全教育,对发现未履行职责的职工及时批评;还要对保教干事的工作进行监督检查,安排相应培训,使其明确自己的责任,并进行不定期检查,发现问题及时批评或者按照园内的相关制度处理。

(二)晨间活动中

教师要有目的、有计划地组织幼儿开展丰富多彩的晨间活动,需要教师根据活动内容有针对性地进行动作示范与规则讲解[35]。而且在晨间活动中,教师的精神状态要积极饱满,确保幼儿安全,"耳听四路、眼观八方",也需要保育员、保教干事和其他人员的配合。

1. 晨间活动中的危险源

(1) 教师未介绍清楚活动做法

(2) 教师未合理安排幼儿活动间距

(3) 教师未组织好晨间活动

【案例6】王萌和韩飞是同班小朋友,在一次晨间活动时,王萌不小心把飞盘扔到韩飞身上,两人由争吵发展成扭打,这时候,没有老师前来拉开他们。吵打过程中,王萌再次把飞盘扔向韩飞而碰伤韩飞的眼睛,经医院诊断,韩飞视力下降,需上万元的治疗费。韩飞的家长要求王萌的家长和幼儿园共同赔偿,遭双方拒绝,便告到法庭。

2. 晨间活动中的预控管理措施

(1) 教师

教师组织活动时应结合场地大小、幼儿人数、活动特点等进行分组和安排,使每名幼儿都有自己的活动空间,合理安排幼儿间的距离以避免发生摩擦与碰撞,活动规则应简单明了,便于幼儿了解并遵守;还要注意动静交替及活动时间长短,应根据季节合理调整幼儿活动的时间与活动量,如酷夏时节室外活动时间适当减少,避免做过量的剧烈活动;教师还应密切观察幼儿,适时帮助幼儿增减衣物,及时处理异常情况;尊重幼儿对活动的自主选择性和控制自由活动时间,同时要兼顾活动的相对稳定性与灵活性。

(2) 保教干事

保教干事要每天对教师晨间活动的工作进行监督,发现幼儿拥挤、打闹、活动材料使用不当等问题及时对教师进行提醒、教育;还应对晨间活动定期进行巡视,确保活动的进行秩序井然,如发现教师带领的晨间活动秩序混乱,应及时对其进行提醒。

(3) 保教主任/保教副园长

保教主任/保教副园长要不定期对保教干事的工作进行监督,发现保教干事不认真督查的情况要对其进行批评,问题严重时要按园内相应制度处罚,还应定期组织举办园内研讨会,探讨晨间活动的心得,交流经验,促进教师队伍的成长。

(三) 晨间活动后

晨间活动的收尾工作有助于教师无声地向幼儿宣布一日生活环节的转换。指导幼儿进行整理工作也有助于培养幼儿的责任心和纪律感,同时又是防止因幼儿情绪和材料整理不当导致意外的好方法。

1. 晨间活动后的危险源

晨间活动后的危险源主要是教师未做好整理工作。

【案例7】晨间活动结束时,老师招呼着班内的孩子进班,明明意犹未尽,还在继续玩跳绳,老师叫了两声明明也没有理睬,老师就让另一个孩子去把明明拉回来。小朋友去拉明明时,明明一边跳一边躲闪,绳子不小心打在小朋友眼角。

2. 晨间活动后的预控管理措施

(1) 教师

晨间活动结束时教师要采取以下方式避免这些危险的发生:及时组织幼儿进行安静舒缓的整理活动,缓解幼儿因剧烈运动而高涨的情绪,避免出现秩序混乱等现象;及时帮助幼儿增减衣物,帮助幼儿擦拭头部、背部的汗,避免幼儿受凉感冒;提醒幼儿喝水,补充体内因活动流失的水分;清点幼儿人数,保证所有幼儿都在教师的视线范围之内。

(2) 保育员

要为幼儿准备好可以喝的温水和擦汗巾。

(3) 后勤人员

后勤人员要及时整理场地、器械,保持场地的平坦与整洁,将活动材料合理归位,避免活动材料的遗落对幼儿造成的伤害。

(4) 保教干事

保教干事要在活动后对场地进行巡视检查,确保场地的平坦与整洁;还要对各个班级进行巡视,核对检查幼儿人数,检查教师的整理工作。

(5) 保教主任/保教副园长

保教主任/保教副园长要对保教干事的工作进行监督,发现问题要对其进行提醒。

(四)早操

幼儿园早操活动在一定程度上影响着幼儿体能锻炼和身体发展的情况,对幼儿的身心和谐发展有着重要作用。

1. 早操的危险源

幼儿早操容易出现的危险源主要有:

(1) 幼儿未有序排队

(2) 早操队伍过挤

【案例8】快乐实验幼儿园早上做操时,几个小朋友没有按站位点站位,偷偷说话。跳跃操时旁边小朋友没有注意,撞到了乐乐,乐乐胳膊被蹭破了一层皮。

(3)操节未介绍清楚做法或难度过大

(4)未组织整理运动活动

2. 早操的预控管理措施

(1)教师

可采取以下措施预防危险的发生:组织幼儿有序排队进入做操场地,结合场地大小与幼儿人数进行分组和安排,为每个幼儿设置固定的站位点,避免幼儿与前后左右间的摩擦与碰撞;编制操节时应结合幼儿年龄、大小肌肉活动能力等,分别编制适合各个年龄段幼儿锻炼的操节,同时应注意动静交替,逐渐增加活动量和活动强度,防止幼儿突然运动或剧烈运动造成的拉伤、扭伤或身体不适等;幼儿进行操练时,应有专门的教师在队伍前方带领示范,而其他的教师也应选择合适的站位,一方面关注每名幼儿的行动,预期可能发生的事情,另一方面跟着幼儿进行操练,起到示范引导作用;应根据晨检结果合理安排器械操,不得安排不适宜幼儿身体状况的器械操,在选择器械操时应以班级幼儿生理发展水平为依据,不得超出幼儿能力范围,不能过于强烈,不得耗费过多体力,否则会使幼儿过于疲劳。

(2)保健医生

保健医生每日检之后应及时将晨检结果记录单反馈给教师,方便教师及时合理调整早操的活动安排,确保幼儿不会受到伤害,当发现早操存在不安全行为或是活动强度过大时应及时制止,并令其更改。

(3)保教干事

教师组织幼儿前往操场,保教干事应进行协助。设置专人带领幼儿,至少保证前有教师带领、后有教师跟随,如需下楼梯等应设专人在楼梯转角等危险地段进行引导与协助。

(4)保教主任/保教副园长

保教主任/保教副园长应请专业人员为本园编排适合幼儿锻炼的操节,并应不定期检查教师组织幼儿做操情况,一旦发现幼儿早操强度难度过大,应立即督促教师调整;同时要对教师开展有效早操活动方面的培训,帮助教师能更好地组织幼儿开展放松活动,确保幼儿以更为良好的状态面对一天的学习与生活。

三、教学活动

幼儿园教学活动是幼儿园教育的基本形式,是幼儿园课程的主要事实载体,是教师有目的、有计划地提供环境和材料,通过教师和幼儿双向交流、互相作用的过程,以促进幼儿身心全面发展为目的的活动。它是幼儿园一日生活的重要组成部分。《幼儿园教育指导纲要(试行)》第三部分"组织与实施"第二条指出,幼儿园教学活动时教师以多种形式有目的、有计划地引导幼儿生动、活泼、主动活动的教育过程。因此,幼儿园教学活动时以幼儿为主体,在教师创设的符合幼儿身心发展规律和特点的多种形式的活动中,在与环境材料相互作用的过程中,引发幼儿积极参与、主动探索、大胆表现的活动,是以促进幼儿全面、健康、和谐、整体发展为最终目的的活动。

(一)准备工作

教学活动中的准备工作,即教师根据课程目标、课程内容而做的认真、全面的准备工作。在教学活动中,准备工作应该包括物质准备和经验准备。而这里指的是在物质和经验准备过程中安全方面的准备工作。准备工作进行的好坏直接影响教学活动的进行。

1. 准备工作中的危险源

(1)后勤人员购买的桌椅、玩具、教具不符合安全、卫生标准

(2)教师未将新玩具上的塑料薄膜揭下

(3)教师未对类似纽扣、大头针、别针、图钉等教学用具进行管理

【案例9】2010年8月,在北京昌平一家幼儿园,强强(化名)从教室一角落找到一块纽扣电池玩耍。出于好奇,他将纽扣电池塞入自己的鼻孔中,之后反应异常哭闹不止,鼻内流出异物。得到幼儿园的通知后,父母紧急将其送往医院。医院诊断为因鼻腔异物引起的鼻中隔穿孔,共花费医药费600元。此次事件中,园内领导认为是幼儿的个人行为,但是该班级的教师有着不可推卸的责任。

(4)教学器材破损

(5)教师未发现黑板等教具松动

(6)教师未对幼儿进行活动前的安全教育

【案例10】2012年10月19日,河北石家庄某幼儿园在进行手工活动时,准备材料中有剪刀。剪刀的安全使用方法在以前的课程中讲过,老师觉得中班的孩子可以完全正确使用剪刀,因此此次活动并没有重点提起安全使用方法。在活动中,两个小朋友传递、交换剪刀,由于传递的方法是错误的,小朋友将剪刀尖对向了另一个小朋友,结果划伤了另一个小朋友的手。

(7)教师活动组织不合理

(8)教师准备的教具数量不合理

【案例11】2008年6月西安某幼儿园中班的晓晓被接回家后,妈妈发现他眼下淤青,于是找到幼儿园老师,问其情况,结果幼儿园老师却推卸责任,称并不知道情况。于是晓晓妈妈找到领导,事情清楚后,得知两个孩子因为争抢玩具打闹在一起,导致伤害。幼儿因为争抢玩具而出现打闹的情况在幼儿园非常常见,因此老师必须准备充足的玩教具,方便每一个幼儿使用。

(9)教师准备的教具不符合幼儿年龄特点

2. 准备工作的预控管理措施

幼儿由于年龄较小,自我监督能力和自我控制能力都较弱,所以在教学活动准备工作中,教师对幼儿的安全应承担起主要和直接的责任,此外,在设施设备的采办和清洁过程中,后勤人员也要承担一定的安全责任,相应的预控管理措施如下:

(1)园长或相关负责人员

园长或相关负责人员应定期进行监督检查,发现购买的玩教具质量不达标、材质不环保应及时解决,发现不符合规格的桌椅应及时更换,若发现幼儿中毒情况应及时解决,并对后勤人员进行批评教育。

(2)后勤人员

在购买玩教具时,后勤人员要从正规的生产商(经销商)那里进货,并索取购买凭证;要检查玩教具是否标注生产厂家名称、厂址、电话、主要材质或成分、使用年龄段、安全警示标语等信息,以及产品合格证;应根据规定购买桌椅及玩具,儿童桌椅的涂层、漆膜,应与玩具、教具的要求一样,不含有过量的有毒物质,符合GB6675的规定,此外要定期清洁、维修、更换。

(3)教师

①教师应在幼儿使用玩教具前揭下塑料薄膜;在使用前对幼儿进行安全教育,教给幼儿玩教具的正确使用方法及注意事项;在使用教具过程

中,教师应加强看护和指导,时刻提醒幼儿注意安全。

②教师选用的教学器材应质量合格、符合安全标准,幼儿园严禁使用有毒、有害、不卫生材料制作的教学器材,且器材的选用要符合幼儿年龄特征,器材应按程序标准正确使用,摆放有序;教师应每日在使用前检查教学器材,确保完好,若有破损或破损的趋势,应及时汇报维修或更换,保证教学器材无破损、锈蚀、断裂、无尖锐棱角。

③教师应在幼儿进入教室前仔细检查教具是否松动,例如黑板,如果松动,应及时报修,以免砸伤幼儿;教育幼儿不能随意敲打黑板等教学用具,培养幼儿良好的行为习惯,同时进行活动前的安全教育,并讲明活动的规则,并在幼儿玩耍期间进行监管。

④教师应准备与幼儿人数相同或大于幼儿人数的教学用具,保证每个幼儿都有,不造成争抢的局面;教师应准备与幼儿年龄特点相符的教学用具。

(二)教学过程

教学过程是指教师根据教学目的,按照教学计划和设计实施教学的过程。这是一种集体的教学活动过程,是教学活动的核心部分。教学过程的有效进行对幼儿身心发展有重要的影响。

1. 教学过程中的危险源

(1)教师未及时处理幼儿发生的突发事件(如争吵、打架)

【案例12】2009年4月,河北某幼儿园中二班,老师在进行完集体教学活动后,老师告诉小朋友可以排队去上厕所、喝水、洗手了,活动期间,教室变得有些嘈杂,小朋友们在说话、甚至争吵,老师在整理自己的课件,并没有特别留意谁,转眼间,一个小朋友将另一个小朋友的脸部抓伤。处理后,家长要求整容,医生不建议整容,建议使用祛疤灵,家长同时要求不交孩子的保教费。

(2)教师未及时处理教具分布不均、数量不够的现象

(3)教师未关注幼儿情绪

(4)教师擅自离岗

【案例13】2012年8月甘肃某幼儿园大班在进行户外活动,本来是两个老师(于老师和李老师)同时进行指导游戏,但是于老师说要离开20分钟,出去办一点事情。在自由活动环节,幼儿进行各种自己喜欢的活动,李老师在轮胎游戏区指导游戏,没有看大型玩具区,结果出现意外事

故,有名幼儿从滑梯上跳下来,造成骨折。

(5)教师对幼儿疏于监管

2.教学过程的预控管理措施

教学过程是集体活动的重要环节,由于幼儿注意力发展有限,在教学过程中,老师需要把更多的关注点放在幼儿身上。教师对幼儿的安全应承担起主要的责任,相应的预控管理措施如下:

(1)园长或相关负责人员

园长或相关负责人员应定期检查教学活动中的情况,发现教师未及时处理幼儿打架争吵等事件,对教师进行安全教育;应定期检查教师教学用具数量是否齐全,若发现因为教学用具缺少造成幼儿秩序混乱的情况,对教师进行安全教育;应定期检查教学活动中的情况,发现幼儿骚乱现象,对教师进行安全教育;发现教师擅自离岗或者教师未监管幼儿,对教师进行安全教育。

(2)教师

①教师应对幼儿进行活动前的教育,讲明活动的规则;加强对幼儿的监管,避免危险行为的发生。

②教师应准备充足的教学用具,保证每个幼儿都有,不造成争抢的局面;若条件不允许,不能满足每人一个,教师应做好分组,让幼儿轮流使用,在确保秩序的基础之上让每个孩子都能使用;指导幼儿使用教学用具,教会幼儿使用方法。

③教师应时刻注意幼儿情绪的变化,做到在幼儿情绪高涨或低落时,第一时间进行疏导并及时进行解决,在教学活动中应根据学生的表现及时进行教学计划的调整,避免幼儿因兴趣较低而烦躁,发生骚乱造成磕碰伤。

④教师应严格遵守幼儿园制度,在上班期间不擅自离岗,不接打电话;有事外出时,须事先请假,做好班级的交接工作。

(三)教学活动后

教学活动结束后的时间是一个过渡阶段,这一阶段需要师生共同整理教学活动相关的用具,休整休息,为下一阶段的活动做好准备。

1.教学活动结束后的危险源

(1)教师在教学活动结束后未检查幼儿口袋

(2)教师未整理教学用具

【案例14】2011年3月,河北邢台某幼儿园,老师与幼儿在进行完集体教学活动后,老师没有来得及收回教学用具、桌椅等,只是做了简单地整理,放在了桌子上,就将孩子带离教室参加户外活动。户外活动后,幼儿排队喝水,喝完的小朋友回教室,老师发现有几个小朋友在玩之前集体教学活动用到的黄豆,甚至有一个小朋友将黄豆放进自己的鼻子里,老师及时制止,并收走教具,否则幼儿的行为可能会威胁自身安全。

2.教学活动结束后的预控管理措施

教学活动结束后是一个整理、休息的阶段,由于幼儿思维发展有限,无法自觉遵守规则,教师必须保证这一环节的有序进行。在这一环节,教师对幼儿的安全应承担起主要的责任,相应的预控管理措施如下:

(1)园长或相关负责人员

园长或相关负责人员应进行监督检查,发现幼儿携带异物,对教师进行批评教育;发现教师未整理器材,对教师进行批评教育,对于情节比较严重或多次教育未改正的教师可进行处罚。

(2)教师

教师应在教学活动结束后对幼儿进行安全检查,检查幼儿是否携带教学用具;应在教学活动结束后整理器材,发现幼儿异物入口鼻耳等问题应及时进行解决;清点教学用具,并作好记录。

(四)教学环境

教学环境包括物质环境和精神环境。物质环境是为幼儿提供学习的各种场所的设施、材料,它是满足幼儿的各种学习活动需求、促进幼儿身心全面发展的最基本的保障。建立符合幼儿身心成长特点以及具有幼儿园特色的教学环境是非常重要的。精神环境是指符合幼儿的审美情趣、令其身心轻松愉快的、亲切温馨的气氛。教学环境是幼儿在园生活的基础。

1.教学环境的危险源

(1)楼梯扶手尖锐

(2)楼梯踏步过高

(3)楼梯无防滑垫

【案例15】陕西西安某幼儿园重新进行了装修,为了整齐,方便打扫,将楼梯、楼道全部换成瓷砖。2010年3月15日是雨天,幼儿园地面湿滑,整个园所只有入口处有防滑垫,幼儿进入幼儿园,老师提醒在楼梯走路时要小心,即便这样,在30分钟的时间里,还是有4名幼儿滑倒。

(4)楼梯、走廊过窄

【案例16】2004年记者走访了海口的许多幼儿园,发现不少幼儿园布置得五彩缤纷、活动场地大、玩乐设施多,但其楼梯特别狭窄,两人并肩不能同时上楼,且上百名孩子只能走一条窄窄的楼梯。问其老师,发现这种原因是由于租用民房办园,这种情况非常常见,孩子在这么狭窄的楼道里推推嚷嚷,出现过很多小事故,只能一遍又一遍地强调上楼规则,一次走一人。

(5)楼梯走廊无安全标志

(6)楼层未设护栏或护栏太低

(7)室内墙角、窗台、暖气罩、窗口竖边等棱角部位尖锐

【案例17】2002年7月,山西大同某新建私立幼儿园中班的李老师连续收到了许多家长反映,孩子回家后,身上总是会新增淤青。这类事件引起了幼儿园的高度重视,分析其原因,"室内外有棱角的物体没有做安全处理"是其重要的一条,之后,幼儿园请来专业人员,对全园做了相关的安全处理。

(8)幼儿经常出入的门没有幼儿拉手

(9)门的双面不平滑、有破损

(10)室内大型设备摆放不合理

2. 教学环境的预控管理措施

幼儿由于年龄较小,还无法很好地控制自己的行为、识别教学环境的合理与好坏,因此在这一环节中,后勤人员对幼儿的安全应承担起主要而直接的责任,相应的预控管理措施如下:

(1)园长或相关负责人员

园长或相关负责人员定期进行监督检查,发现幼儿碰撞事件、幼儿摔伤情况、幼儿踩踏情况、无护栏、幼儿碰伤的情况、幼儿被门夹手的情况、划伤幼儿情况等要及时解决,并对后勤人员进行批评教育,对于情节比较严重或多次教育未改正的后勤人员可进行扣分或罚款。

(2)后勤人员

后勤人员应严格按照国家标准设置幼儿教学环境,保证幼儿园的环境是健康安全、无隐患的;应定期检查教学环境设施设备,如存在隐患应及时进行处理。

(五)室内设备

室内设备即教室内部的设施设备,比如桌椅、玩教具、图书等等。

1. 室内设备的危险源

（1）桌椅损坏

（2）桌椅有尖角

（3）钢琴靠窗

（4）教师未合上钢琴盖

【案例18】2011年10月13日，天津某幼儿园中班，老师进行集体教学活动，以音乐为导入，过程中使用了钢琴。导入结束后，老师没有及时合上钢琴盖，就开始继续向下进行，结束后，老师引导孩子如厕、喝水，有一名小女孩看到钢琴，想帮老师合上钢琴盖，不小心夹到了手。

（5）教师未发现幼儿用手脚触摸电线、电源开关等

（6）玩具柜的柜体棱角尖锐

2. 室内设备的预控管理措施

室内是幼儿主要活动场地，幼儿自我的保护能力还不够好，在这一区域，教师对幼儿的安全应承担起主要的责任，相应的预控管理措施如下：

（1）园长或相关负责人员

园长或相关负责人员定期进行监督检查，发现桌椅划伤（刺伤）幼儿情况、钢琴靠窗摆放、教师未合上钢琴盖、幼儿随意触摸电源电线、空调、风扇松动、柜体棱角尖锐或未对尖锐处进行包裹的情况应及时解决，并对后勤人员、教师进行批评教育，对于情节比较严重或多次教育未改正的可进行处罚。

（2）教师

教师要保证桌椅外表和内表以及儿童手指可触及处不应有毛刺及尖锐的棱角；着地应平衡，其最大偏差不应超过2毫米；在使用钢琴后合上钢琴盖并进行固定，使幼儿不能轻易打开，避免幼儿攀爬，同时加强安全教育和对幼儿的看管。教师应当教育孩子不准用手脚触摸电线、电源开关及其他辅助设备，若发现类似情况应及时进行制止。

（3）后勤人员

后勤人员最好选择同时具有下列资质的单位购买课桌椅：通过环保认证（ISO14001-2004）的单位；通过国家强制安全认证（3C认证）的单位；通过强度、稳定性和耐久性试验。后勤人员应经常检查桌椅的使用情况，确保完好，发现异常情况及时进行整改；对于儿童玩具柜的设计应偏向外形圆滑，柜体本身棱角部分应圆润或者在柜体棱角处用塑料泡沫包

裹,降低儿童使用过程中的危险值,使儿童安全使用;经常进行检修。

(六)玩具

玩具是幼儿园最基本的东西,玩具的好坏、合理与否是影响幼儿安全、身心发展最直接的因素。

1. 玩具的危险源

(1)教师未将小物件玩具妥善放置

(2)教师未检查、清洗玩具

(3)结构游戏玩具:积木(小型、中型、大型)、结构玩具

(4)各种积塑插件、各种巧板、拼图、接龙、串珠等拼接玩具空隙过大

(5)幼儿使用毛绒玩具时操作不当

【案例19】2006年11月,四川眉山某幼儿园,区域活动时间,老师来回观察、指导。有5至8个人进入娃娃家玩游戏,几分钟后,有个男孩子和女孩子哄娃娃入睡,女孩也要睡觉,娃娃家里没有"被子",男孩用毛绒垫子代替,男孩将毛绒垫子放在了女孩的头上,掩住了口鼻,老师走过来,看到这种情况,立刻制止,做了安全方面的教育。毛绒玩具是幼儿很喜欢的一种玩具,也是娃娃家里必不可少的东西。但是在使用中要反复强调其安全性。

(6)教师未清洗毛绒玩具

(7)毛绒玩具部件破损

(8)音乐教具:钢琴、小铃鼓、儿童简单打击乐器、鼓等声音过大、音响躁动

(9)音乐教具:钢琴、小铃鼓、儿童简单打击乐器、鼓等电池盒不牢固

【案例20】2002年9月27日,山西太原某私立幼儿园小班,老师在活动的延伸部分设置的是绘画活动,幼儿分别取了自己的画笔,开始进行涂鸦,这一活动是一个比较安静的活动,两个老师在填写月末各类表格,未及时观察孩子绘画的状况,到10分钟左右的时候,听到了小朋友告状的声音,原来有一个男孩子将自己的手画满了,而且把画笔插进了自己的鼻孔,老师赶紧带该幼儿进行处理。

(10)教师未监管幼儿使用美工教具:美工教具盒、12彩色水笔、幼儿油画棒、蜡笔、图形块、泥工板、调色板、小面板、小画架等

(11)穿编类:串珠、穿线玩具等绳子过长

【案例21】2008年10月22日,山西临汾某幼儿园小班,下午4:00~

4:30是区域活动时间,期间有小朋友在玩串珠子游戏,在游戏中小女孩无意地将串珠的绳子绕在了手腕上,后越绕越紧,老师发现,及时解决了小女孩的情况,松开后,发现手腕上已有不少红痕。

(12)温度计、寒暑计破损

(13)幼儿使用温度计、寒暑计时操作不当

(14)幼儿使用地球仪时操作不当

(15)幼儿使用喷壶打闹

(16)幼儿使用儿童铁锹、小铲子、小锤子等打闹

2. 玩具的预控管理措施

玩具是幼儿跟环境交互的重要媒介,在操作过程中,幼儿自我保护、察觉危险行为的能力有限,因此在操作玩具时,教师(后勤人员)对幼儿的安全应承担起主要责任,相应的预控管理措施如下:

(1)园长或相关负责人员

园长或相关负责人员定期进行监督检查,发现幼儿吞食、滑倒、打闹现象时应及时解决,并对教师进行批评教育,对于情节比较严重或多次教育未改正的教师可进行扣分或罚款;发现玩具部件掉落、音乐嘈杂、螺丝松动、绳子过长、温度计破损未修的情况,对后勤人员进行批评教育,对于情节比较严重或多次教育未改正的后勤人员可进行处罚。

(2)教师

①教师应将玩具放在安全的地方,不要让孩子轻易拿到;放置玩具时,其空隙应小于儿童手指宽度,即6~7毫米;同时,教会幼儿正确使用玩具的方法,加强对幼儿的安全教育和监管,时刻关注幼儿使用玩具的情况,有情况及时制止,防止幼儿误食等情况的发生。

②教师应定期对玩具进行清洁和消毒,以防幼儿造成细菌感染或吞食致使慢性中毒;同时,还应定期检查玩具是否完好,若损坏应及时进行报修或更换。

(3)后勤人员

后勤人员购买玩具应符合 GB6675 的规定;毛绒玩具的原材料中不含有过量的有毒物质;音乐玩具要声音适中、悦耳动听;带电池的玩具中电池盒应有可靠的螺丝固定;带绳玩具,绳子长度不能超过幼儿的颈部周长;温度计、寒暑计应符合国家安全标准,对所有玩具定期进行检修、更换。

四、户外活动

幼儿园的户外活动是幼儿释放天性、发展大小肌肉的重要活动形式之一,相比区域活动,幼儿的活动频率加大,有助于锻炼幼儿体格,增强幼儿体质。幼儿在户外活动时,经常接受阳光的照射,呼吸新鲜空气,可以提高他们对外界环境的适应能力和机体的抵抗能力,促进新陈代谢和生长。在知识积累和智力发展上,户外活动使幼儿通过自身体验,学到许多相应的知识与技能[36]。幼儿园户外活动危险源主要可从准备工作、组织活动、整理活动三方面来查找,按幼儿活动范围和活动设施体积又可从大型器械活动和小型分散活动的危险源入手查找。

(一)准备工作

户外活动的准备工作也需在幼儿进入场地前充分检查,确保从地面到空中无任何安全隐患。由于幼儿用手脚攀爬、抓握动作过多,因此,器械的清洁卫生工作也需格外注意。

1. 准备工作的危险源

(1)活动场地过小

(2)场地不平整,地面有障碍物或尖锐物

【案例22】2004年11月10日,年仅4岁的小天在下午户外活动时被同班幼儿小伟推了一下,摔倒时正好跌坐在一块石头上。后经医院检查,发现小天头部撞出一个大包,左腿出现严重骨折。

(3)未观察天气

(4)未清点幼儿人数

(5)器械不符合幼儿玩教具相关标准

(6)使用器械前未检查其安全性

(7)器械卫生未检查

(8)器械的安放位置不合理

(9)未组织幼儿进行热身活动

(10)未给幼儿增减衣物,及准备擦汗巾

(11)幼儿着装不安全

【案例23】2014年12月11日下午2:30左右,某幼儿园里的小朋友们结束了课间活动,贾老师先组织小朋友上厕所,回到教室后发现囡囡不见了,她以为还在厕所,就先去厕所找了一圈,但并没有找到囡囡。贾老师觉得奇怪,就到操场去找,走到东边的滑梯时,才看见3岁的囡囡躺在滑梯滑道里,脖套被滑梯头挂住了。蔺老师说:"滑道比较深,从远处看不见里面有小孩。她发现后赶紧喊其他老师,大家一起把囡囡抱到屋子里,发现孩子已经有点不行了。"

(12) 未对幼儿进行安全教育,未向幼儿讲清具体活动的方法技巧及注意事项

【案例24】洋洋和壮壮都是幼儿园大班的小朋友。一天,在幼儿园户外活动时,洋洋和壮壮都选择了跳绳,刚开始两人还各跳各的。可是没过多久,他俩就开始拿着跳绳你打我、我打你,练起了"武功"。意外就在一瞬间发生了,壮壮抡起跳绳时,一只手柄从手中脱落直飞出去,击中洋洋的眼部。

2. 准备活动的预控管理措施

(1) 教师

①教师应提前对活动场地进行检查,发现地面有障碍物或尖锐物等危险因素时及时清除。安排活动时,应根据活动的类型选择合适的场地,例如跳跃性的活动应当选择在松软的场地上开展,跑步则要求场地规则、平整足够宽阔,不能有障碍物。

②在组织活动之前,教师应首先查看天气情况,在适宜户外活动的天气状况下方可组织幼儿进行户外活动,当天气情况不好时,应避免幼儿出去户外活动,以免造成幼儿身体不适。

③在活动开始前教师应仔细清点人数,保证每名幼儿都在教师的看护下行动,发现幼儿人数不正确时应尽快寻找缺失幼儿,确保幼儿处于安全的看护下。

④在进行活动前,教师检查活动的器械、设备是否完好无损,要保证器械不存在损坏或因年久失修而老化的情况,并适合特定年龄阶段幼儿活动的需要;如发现问题,严禁幼儿使用,并及时报修。

⑤进行活动前教师应先带领幼儿进行不少于10分钟热身活动。

⑥教师应根据活动量大小及时为幼儿增减衣物,确保幼儿的衣物多少、厚薄合适;冬天进行活动前,应组织幼儿搓热手脸,并为幼儿涂抹护手霜做好防护措施;同时应检查幼儿的穿戴是否整齐,以防幼儿在运动中踩

到自己的鞋带、裤腿等而摔倒。

⑦教师应在活动前检查幼儿身上是否携带别针、小刀、发卡等易造成伤害的物件。

⑧教师应在活动前向幼儿讲解清楚活动规则和动作要领,并亲自示范,以便幼儿准确掌握动作要领,对于容易引发事故的环节,应着重予以演示。

（2）后勤人员

后勤人员每天都应用84消毒液对园内所有的活动器材清洁消毒;做到一周一次深层彻底消毒;摆放大型运动器械时,应留出足够的空间供幼儿自由活动,即依据运动场地的大小投放器械的种类,场地小可投放3~4种器械,场地大可增至7~8种;对于新器械的投放,种类适宜1~2种,并应在相对独立的场地内进行。

（3）保教干事

保教干事应每日对教师组织的幼儿户外活动进行检查监督,发现活动场地人数过多时应及时调整;发现幼儿在不平整地面、有障碍物或有尖锐物的场地玩耍时,应立即要求教师带离幼儿并对责任教师进行批评和教育;在进行活动前,保教干事应协助教师对天气情况进行查看,考虑天气可能给幼儿活动带来的影响,及时为幼儿增减衣物;保教干事应每日都对幼儿户外活动的着装进行多次检查监督,如发现幼儿着装不合适而教师未及时处理的,要求其立即为幼儿更换;如发现幼儿鞋带没有系好、裤腿太长、衣裤太紧等,教师未及时处理的,则要求其立即为幼儿处理,并对责任教师进行批评教育;保教干事在每日户外活动时应对教师进行引导、帮助并进行检查监督,发现教师未对幼儿进行安全教育或是未操作讲演就直接让幼儿活动的应及时制止,补充教育之后方可让幼儿进行活动。

（4）保健医生

保健医生应将晨检中各个幼儿的身体状况告知教师,方便其合理安排幼儿的活动。

（5）幼儿园户外活动场地

①幼儿园户外活动场地面积应按照国家相关规程规定配置,根据场地大小控制招生数量及班额;活动前教师应根据场地大小进行合理分组,保证幼儿数量与场地大小适宜,或采取错班错时活动的方法。

②幼儿园的户外器械应达到国家强制安全认证；器械的主要材质、成分、合格证、厂名、厂址、电话以及售后服务保证等内容标注必须齐全；户外器械的可迁移化学元素（如锑、砷、钡、镉、铬、铅、汞、硒）、机械和物理性能、燃烧性能、环保卫生等项目检验必须合格；器械的质量安全应特别注意，尤其是一些可能被啃咬、吞食，或者接触皮肤时间长的玩具要仔细检查，以免幼儿误食、勒伤、卡喉、夹指或诱发呼吸道疾病等；选择器械时应避免选配颜色过分鲜艳的玩具，因为其中可能含有大量的重金属铅，容易造成幼儿慢性铅中毒；并应避免选配弹射类玩具，及棱角过于锋利、易给幼儿造成伤害或者本身具有暴力倾向的玩具。

(6)保教主任/保教副园长

保教主任/保教副园长应至少一周两次对户外活动场地使用情况进行抽查和指导，发现幼儿在不平整、地面有障碍物或有尖锐物的场地玩耍时，应对责任教师进行警告教育；如若发现在天气不适宜的情况下仍有教师组织幼儿进行活动，应及时制止并对其进行教育；发现教师未清点幼儿人数时应及时制止并进行处理；还应至少一周三次对幼儿户外活动时的着装进行不定时抽查，发现着装厚薄不适宜、存在安全隐患时要及时令教师为之更换，并对保教干事进行警告教育；还应经常性地对教师开展安全知识培训，使教师能更好的对幼儿进行指导和监督。

(二)组织活动

在组织户外活动时，大量幼儿同时进入活动场地，自由开展长达一小时的活动，教师前期的准备和活动中的指导就相当重要。"授之以鱼，不如授之以渔"，教师在进行师幼互动时，"教"是很重要的，但必须改变"以护代教"的观念，改"你要"为"我要"，让"我能、我会"的自护意识沉淀到幼儿内心深处，使其成为一种能力、一种习惯，伴随幼儿安全健康地成长[37]。

1.组织活动的危险源

(1)安排的活动不符合幼儿体能特点，强度过大

(2)幼儿活动时间过长

(3)活动组织不力

2.组织活动的预控管理措施

(1)教师

教师在组织幼儿活动时，所安排的活动内容、难度、强度不得超出幼儿正常的身心承受能力，对于体质较差的幼儿应安排进行专门的活动，并

给予必要的关注和保护;合理安排户外活动时间,保证每天2小时左右的户外活动时间,每次活动控制在30分钟左右,要做到动静交替,活动一段时间后,可在阴凉处休息一会,考虑不同季节的不同安排,夏季不宜在强光下活动,避免在上午10:00至下午4:00之间进行高强度的体育活动,冬季户外活动宜安排在上午10:00之后、下午午睡起床后;有效利用幼儿园场地,尽量做到活动中每班有各自的场地,以安全、不互相干扰为宜;教师应时刻关注幼儿的活动,发现任何危险因素都应立即制止。

（2）保教干事

保教干事应经常性地向保健医生了解幼儿的身体状况,并对活动中教师进行的安排进行监督检查,出现不适宜的安排应及时制止,并令其更改;发现活动时间过短、过长或时间点安排不合理等,都应及时阻止,并责令教师进行调整。

（3）保教主任/保教副园长

保教主任/保教副园长应定期对活动中教师进行的安排进行抽查,出现不适宜的安排应及时制止,并对保教干事进行安全教育;还应经常性地为教师安排安全知识培训,使其能更好地根据幼儿的身体状况等因素安排适宜的活动。

(三) 整理工作

户外活动后的整理工作是结束活动的信号,可以帮助幼儿平复情绪,将活动状态向平静状态转变,也为教师提供幼儿饮水、盥洗的时间,防止活动衔接过紧,忽视清洁环节。保育员或其他工作人员在整理时间对活动器械进行检查维护。

1. 整理工作的危险源

（1）幼儿未排队回教室

【案例25】2011年10月,某幼儿园小(1)班幼儿燕燕在户外活动结束后,从操场跑步回教室的过程中不小心绊倒,下巴正好磕在台阶上,导致上牙床将下嘴唇内壁凿出一个宽约1.5厘米,深约1厘米的伤口。后在医院缝了7针。

（2）未清点幼儿人数

【案例26】杭州市余杭区某幼儿园小班,午餐时发现少了一个男孩。保教人员立刻分头前去寻找,最终在幼儿园户外喷水池边一小桥下找到了,这时孩子已断气。原来早上户外活动时老师曾带孩子在水池边玩,孩子们都玩得很开心,户外活动结束后老师让孩子排队回教室,孩子在小桥边玩得正开心,就没有站到队伍里,老师急匆匆得把队伍带回班,也没有清查人数。

(3)未帮助幼儿更换合适的衣服,未检查幼儿衣服口袋。

(4)未组织幼儿进行盥洗、擦汗、饮水等生活活动。

(5)未检查器械部件是否缺损。

2.整理工作的预控管理措施

(1)教师

教师应组织幼儿进行排队,安静有序地返回教室,队伍前后都应有教师带队,发现幼儿离队或在队中打闹,要及时制止;并在带队回班之前和进入教室之后及时认真地清点幼儿人数,核对到每个幼儿,若发现有幼儿未归队,及时寻找并将其带回;在活动后教师要及时为幼儿穿上外衣,或及时换上干净衣物,密切关注幼儿的状态,判断幼儿是否有何不适,如若不确定可联系保健医生对幼儿进行检查;要认真检查幼儿衣物口袋中是否携带有螺丝等小零部件,确保没有幼儿携带较小的零件或玩具进入教室。

(2)保育员

保育员要及时为幼儿擦汗、洗干净手和脸,并为幼儿准备温水,给幼儿补充水分。

(3)后勤人员

后勤人员应及时整理器械,若发现器件部件缺损,要及时告知全体教师;督促保育员做好清洁工作。

(4)保教干事

保教干事应协同教师安排幼儿有序地排队并安全地返回教室。幼儿回到教室后,保教干事应监督教师为幼儿更换合适的衣物,包括衣物的增减、脏衣物的更换等,为幼儿换好衣物后,保教干事还应监督教师仔细严格地清点每一名幼儿衣物口袋中的物件,去除任何可能给幼儿带来危险的物品;同时监督检查教师对幼儿进行盥洗、擦汗等活动,避免幼儿引发感冒等疾病;及时帮助教师组织幼儿饮水,避免幼儿因活动量大缺水而造成的各种不适。

(5)保教主任/保教副园长

保教主任/保教副园长应每日抽查教师组织幼儿排队回教室的情况,一旦发现教师不整队即返回教室,应立即制止,还应定期对教师的组织活动情况进行抽查,若发现因教师活动结束后未清点幼儿人数,导致个别幼儿贪玩留在室外而引发意外事故,则对责任教师进行警告、罚款或停职反思教育,情节严重的可开除。还应不定期抽查教师对幼儿活动后衣物的更换和口袋的检查、组织幼儿盥洗、擦汗、饮水等生活活动的开展情况,一旦发现教师不做此项工作或做得不仔细、不到位,应及时纠正并对责任教师进行教育。

(6)后勤主任/后勤副园长

后勤主任/后勤副园长要在每次活动后监督后勤人员检查器械部件的完好情况,一旦发现后勤人员检查不仔细或发现情况不上报的情况,要立即纠正并追究责任人;还应定期对活动场地、器械整理情况进行抽查,若发现因后勤人员活动结束后未及时发现器械中缺少的小零件,而导致幼儿吞食等意外,则对监管此器械的后勤人员进行警告、罚款或停职反思教育,情节严重的可开除。

(四)大型器械活动

大型器械一旦出现安全隐患,极易导致重大伤亡事故,因此,对大型器械的安全性检查是幼儿在户外活动最重要的一环。

1. 大型器械活动的危险源

(1)组合滑梯支撑不稳、部件存在损坏、周围有其他坚硬物体、防护设施不到位,玩组合滑梯时幼儿活动不当、衣着不适宜

【案例27】2000年8月11日,义乌一幼儿园因滑梯未固定牢固,导致幼儿何某在攀玩时,被翻倒的滑梯击倒身亡。

【案例28】温州滨海园区一家幼儿园四岁小男孩小杰(化名),在午休时间独自玩滑滑梯,衣领不慎被滑梯一尖处钩住,20分钟后被人发现时已全身发紫,被送到医院时已回天乏术。医生诊断,小杰系被衣领勒住颈部窒息身亡。

(2)蹦蹦床周围未设防护设施、周边存在尖锐物、床体底部存在损坏甚至断裂、床体弹性不适宜

(3)秋千大小不适宜、材质不合适、各连接处不结实、绳索存在损坏、周边存在尖锐物、幼儿操作不当

【案例29】在幼儿园活动的时候,多多在秋千上高兴地荡来荡去,几名小朋友也热心地在后面推他,可是忽然之间,秋千的一侧铁链发生断裂,多多从秋千上跌下,造成右腿骨折。

(4)攀登架高度过高、部件破损、安全防护设施缺乏、架底不稳当

(5)跷跷板座椅的大小不符合幼儿年龄、中心支点不牢固、操作不当

(6)转椅质量不达标、防护设施不到位

【案例30】2013年4月2日,某幼儿园发生了严重幼儿伤害事件。当时,大班的图画课老师请正在接小朋友放学的家长入教室,六岁的幼儿坐在教室走廊外的一张铁质转椅上玩耍,旁边有一个小朋友帮他推着椅子旋转,谁知旋转速度越来越快,小孩受惊大叫:"停下来!"话音未落,转椅向一侧倾斜,他小小的身子就从椅子上摔了下来,巨大的离心力把他推了出去,额头撞在一旁的柜子棱角。顿时,小孩右边额头出现一条长达3厘米的伤口,血流满面,小孩痛得哇哇大哭起来。

2. 大型器械活动的预控管理措施

后勤人员应结合场地大小及周边情况,将滑梯放置在平坦的地面上,保证支撑牢固,每日检查滑梯的稳固性,保证不存在不稳或偏斜等不合标准的情况;滑梯旁不应有石块、木桩、墙壁、大型游戏设施等坚硬物体存在,滑梯底部应铺设塑胶地板。

在幼儿活动前,教师应仔细检查滑梯的攀爬架、扶手、栏杆等部件的完整性,一旦发现滑梯有任何不牢固、不稳当等现象,要停止使用,并立即通知相关人员维修;要为幼儿进行合适的衣物增减,对于衣服上有线绳、帽子等可能会被栏杆等挂着的幼儿,应及时更换衣物,时刻关注幼儿动作,一旦发现幼儿出现拥挤推搡、头朝下或面朝后倒滑等情况时,要立即制止。

后勤人员应将蹦蹦床设置在平坦柔软的场地,周边不得存在任何尖锐物,一旦发现有任何尖锐物、石块等可能使幼儿受伤的物体,要立即移走;蹦蹦床的床体应有尼龙网的保护并放置在塑胶地板上,防止幼儿坠落出现危险;每日都要检查床体周围的防护措施是否完善有效,一旦发现有漏洞,则立即进行维修,并不得组织幼儿进行活动;床体要足以承受多名幼儿体重,床体的弹性大小应适宜,不得过小或过大,发现弹性过大过小都应停止幼儿活动,并通知维修人员调整。

幼儿园应到正规厂家购买安全无毒环保的幼儿专用秋千,以木质或塑料质地为宜,不得购买铁质秋千,购置时要检查秋千材质的安全环保性能,防止出现幼儿铅中毒或过敏现象;应将秋千放置在平坦的场地,确保周边没有尖锐物、墙壁和大型的设施存在;每天都应对秋千连接处检查维

修,保障各部件连接的螺丝、绳索都完好,没有出现断裂、松动等状况;组织此活动前应多次对幼儿进行使用方法的讲解以及安全事项的教育提醒,在活动进行中,必须有两名教师或保教干事在场指导和保护幼儿。

幼儿园采购攀登架时应充分考虑幼儿的年龄、体能、协调性等各个因素,购买限高2米的、适合幼儿使用的攀登架;后勤人员应每天对攀登架进行检查,确保攀登架各部件完好无损,未存在脱漆、翘皮等现象;攀登架下方应有体操垫或塑胶地板等防护设施,每天早晚检查攀登架的防护设施和底座稳定牢固状况,不得出现晃动等现象。

幼儿园的跷跷板座椅大小应符合孩子的身高、体重状况,若发现跷跷板座椅大小不合适,要通知后勤人员更换;后勤人员应每天检查跷跷板支点牢固状况,发现支点不牢的情况,要及时维修;教师安排幼儿进行活动时,应根据幼儿的体重大小进行合适的分组,保证两端幼儿体重相差不大,严格按照跷跷板的使用规则进行。

幼儿园要购买正规厂商生产的安全无毒环保的转椅,保证转椅扶手摩擦力大,幼儿抓握时不会松落,并不定期检查转椅质量安全状况,发现转椅掉漆、裂缝、转动过程中晃动、栏杆松动等情况时要制止幼儿玩耍并马上维修;后勤人员应在转椅周围设置塑胶地板,保证转椅周围无硬物、尖锐物品,并每日检查转椅的防护设施。

后勤要有专人对各大型器械负责,每日早中晚三次检查器械的安全性能,检查零部件的完好情况,注意防范器械周围环境对幼儿造成的危险,对损坏的器械及时进行维修和保养,更换无法维修或年久的大型器械。

后勤主任/后勤副园长应每天检查器械的防护设施,一旦发现防护设施不到位的情况,应立即停止幼儿使用,并通知后勤人员设置相应保护设施,并对器械的使用情况监督管理。

(五)小型分散活动

小型分散活动有助于幼儿大、小肌肉同时发展,也是幼儿十分喜欢的户外活动模式。这类活动多以传统游戏的方式进行,器械价格较为便宜,使用周期长,既有幼儿独自的游戏,又能发展为团体活动,是所有幼儿园开展较多的户外活动。

1. 小型分散活动的危险源

(1)体操垫材料不安全环保、质量不合格、表面过于光滑

(2)皮球材料不安全环保、质量不合格、皮球弹性过大

(3)跳圈使用不当、大小不合适、不符合幼儿年龄

(4)跳绳材质过重、长度不适宜、使用不当、空间密度过小、幼儿因跳绳时间不适宜而出现危险

2. 小型分散活动的预控管理措施

幼儿园应从正规厂家购买适合幼儿身高、安全环保、表面有花纹或横竖纹纹路较深的体操垫;并要每周检查一次体操垫的防滑情况,若磨损情况严重,无法保证防滑效果,要及时更换。

幼儿园采购安全环保、符合幼儿年龄特征、弹性适中的皮球,后勤人员还要不定期检查皮球的弹性,发现问题要及时处理调整。

幼儿园要充分考虑园内幼儿的人数及身高、体重,采购大小合适的钻圈或拱形门,教师在组织幼儿活动前,一定要向幼儿讲解清楚跳圈的使用方法及注意事项,告知幼儿不得把跳圈作为"武器",不能将跳圈套在自己或他人脖子或身体上,避免因此带来的伤害,一旦发现幼儿使用跳圈打闹或套着自己或他人身体时,应立即进行阻止和教育。

幼儿园应购买环保、安全、无污染且质量过硬的适合不同身高幼儿玩的跳绳,不得购买过重过长的成人跳绳;教师组织幼儿使用跳绳进行活动前,一定要向幼儿讲解清楚跳绳的使用方法及注意事项,如不能将其缠绕在自己或他人脖子上或身体上,严禁使用跳绳做武器等;跳绳活动不应在饭后或午睡后进行,体质特异的幼儿尽量减少安排此类剧烈活动,教师应根据跳绳活动所需场地大小与幼儿人数,合理安排幼儿间的距离,避免幼儿与前后左右间的碰撞,并根据参与跳绳活动的幼儿人数设置大小合适的等待区。

后勤人员要有专人对小型活动器械进行管理,每日检查器械的安全性能、器材的完好情况,并协助教师进行器械的分发和使用,及时更换和维修器材。

后勤主任/后勤副园长应不定时检查器械的安全性能,一旦发现器械安全性能较差或损坏度较高,要及时购置新器材。

五、饮水

3~6岁幼儿身体的含水量约占体重的65%,他们每天需要摄入1500

~2000毫升的水,才能满足身体的基本需求。除去从食物中摄入的水分和体内自身产生的水分,每个孩子每天饮用的水应是700~1000毫升[38]。活泼好动是儿童的天性,游戏是幼儿园主要的活动方式,因此,幼儿活动后补充水分也是幼儿园一日常规活动之一。及时为幼儿补充水分,既能满足幼儿身体的需要,也是预防疾病、排除体内毒素的简便方法。要想减少幼儿饮水环节事故的发生几率,幼儿园工作者应从以下方面予以注意。

(一)饮水前

幼儿每日至少需要1500毫升水分,白开水是最好的补水来源。幼儿一次饮水量不宜过多,应少量多次,这要求教师和保育员做好幼儿饮水前的准备工作。

1. 饮水前的危险源

(1) 未安排幼儿进行排队

(2) 未维持幼儿喝水时的秩序

(3) 未清理饮水间积水

【案例31】某幼儿园大一班幼儿在饮水时,不慎将水洒在门口,童童喝完水后蹦蹦跳跳出去,不慎滑倒,经医院检查,童童左臂骨折,轻微脑震荡。

(4) 给幼儿的饮用水水温不合适

【案例32】2013年7月9号上午7:30,年仅6岁的佳佳由父亲送到某幼儿园门口,值班医生晨检完,她独自入园到三楼教室,在三楼走廊碰倒盛开水的水桶,被开水烫成十级伤残。

2. 饮水前的预控管理措施

(1) 教师

饮水环节开始之前,教师应首先查看水温及水质状况;在安排幼儿进行饮水时,需根据饮水间大小合理安排分组情况,每组幼儿均应有至少一名教师带领排队前去饮水,引导幼儿形成良好的秩序规则,不拥挤,有序喝水,还可以设置提醒幼儿排队的标志;教师分工合作,一人负责维持饮水间幼儿的秩序,另一人组织喝完水的孩子进行游戏活动,从而促使速度较慢的幼儿自觉加快速度。教师还要提醒幼儿用自己口杯饮水,双手端杯回座位,坐下安静喝水,喝水时不说笑等,教育幼儿养成良好的饮水习惯。

(2) 保育员

水温适中时,保育员才可以让幼儿接近储水设备,一般应尽量避免幼儿接触热源;在幼儿进入饮水间之前,保育员应将地面整理干净,保持地面干爽清洁,在幼儿人数较多进出饮水间时,保育员应在饮水间一旁等候,发现积水及时打扫。

(3)保教干事

保教干事应对教师的工作进行监督指导,发现幼儿喝水的队伍混乱时对教师进行提醒;还应经常安排教师进行安全工作培训,对于教师的工作进行监督检查,保障饮水过程的顺利进行,发现问题,对教师提醒或批评;保教干事应每日对饮水间进行巡视检查,若发现因保育员清理不及时导致地面积水现象,应及时对保育员提醒并及时清理;应每日至少两次对幼儿饮用水的水质及水温情况进行巡视,发现水温过热或过凉,应及时要求采取措施,保证幼儿随时有温水饮用。

(4)保教主任/保教副园长

保教主任/保教副园长应不定期对保教干事工作进行监督,发现问题及时处理,多次出现则对其进行批评或警告。

(二)饮水

幼儿在园每日要饮用3~6次水,因此该环节是多次重复的工作,教师和保育员必须不厌其烦、按部就班地监管,才能保证幼儿饮水活动的安全。

1. 饮水中的危险源

(1)教师教育及监管不到位,幼儿直接饮用生冷自来水

(2)未合理安排饮水时间及饮水量

(3)教师不及时为幼儿提供饮用水

2. 饮水中的预控管理措施

(1)教师

教师实施饮水定量管理。每日上、下午各1~2次集中饮水,饮水量100~150毫升/次,并根据季节变化酌情调整饮水量;根据幼儿每天饮水的摄入量,用幼儿保温桶量出全班幼儿的饮水量,在保温桶上做出标记,并定期检查,保证幼儿喝到充足的水[39];教师要把握好饮水时间,一般运动结束10分钟后再组织幼儿有序饮水比较适宜;为幼儿提供温度适宜的饮用水;监管好幼儿,防止幼儿饮用自来水;根据幼儿实际身体状况,保证幼儿按需饮水;教育幼儿在饮水过程中做到"少量、多次、慢喝",尤其是在运动后。

(2)保育员

保育员应在幼儿运动后提供温开水,相对于凉开水更有助于幼儿身体散热。

(3)保教干事

保教干事应至少一日两次对幼儿饮水进行巡视,若发现幼儿不合理饮水,则对未尽职责教师进行提醒与教育。

(4)保教主任/保教副园长

保教主任/保教副园长应至少两日1次对幼儿饮水及保教干事的工作进行监督检查,如若发现存在饮水时间、饮水量不合理等问题应及时制止和教育。

(三)饮水后

饮水后整理工作是保障下一次饮水活动安全的前提。

1. 饮水后的危险源

(1)未及时更换幼儿饮水时打湿的衣物

【案例33】冰冰饮水时将领口、胸前衣物打湿。他未告知老师,老师也没有注意到。冰冰穿着湿衣服在幼儿园呆了一个下午,晚上回家就发烧了。

(2)地面有积水

【案例34】孩子户外活动后回到教室,跳跳第一个进入饮水间,拿过水杯转身接水,被旁边同学推了一下就滑倒了,原来倒挂的水杯内流下的水在水杯架前积了一滩,导致跳跳不慎摔倒嘴巴流血,下嘴唇外缝合1针,内缝合5针。

(3)未对饮水杯进行清洗消毒工作

(4)未检查饮水机内剩余水量

2. 饮水后的预控管理措施

(1)教师

教师要提醒家长为幼儿准备一套可以换洗的衣物,并在幼儿饮水后检查其衣物是否打湿,如有打湿的情况应及时为幼儿更换衣物,并在幼儿离园时将具体情况告知家长;提醒幼儿饮水后把水杯内剩余的水倒进水槽里,然后将自己的水杯归位。

(2)保育员

保育员在幼儿饮水后及时清理地面,保证地面无积水;还应对水杯每日清洗消毒,用水杯喝豆浆、牛奶等易附着于杯壁的饮品后,应当及时清洗消毒;饮水工作结束后,保育员应对饮水设备进行检查和整理,及时清洁饮水设备,并及时更换水量过少的水桶或是关闭水量过少的饮水设备,避免设备干烧的现象。

(3)保教干事

保教干事应至少1日两次检查教师工作,发现教师不及时处理幼儿打湿衣物等情况时,要及时批评并督促教师为幼儿更换;还应在饮水时间检查监督保育员的工作,保证饮水后地面无积水,有积水时对保育员及时提醒;还应抽查保育员对水杯的清洁消毒工作,对没有认真完成工作的保育员进行批评并令其改正;应及时对饮水设备内剩余水量进行查看,保证设备的安全运行。

(4)保教主任/保教副园长

保教主任/保教副园长对教师应分工明确,如一人负责让幼儿排队,一人协助幼儿接水等;时刻关注每个幼儿的举动,保证幼儿在整个过程中无不安全行为;应至少两日一次对幼儿饮水过程及保教干事的工作进行监督检查,发现问题及时处理,并对其进行批评教育

六、盥洗

在幼儿一日的生活中盥洗是必不可少的且重复多次的环节。主要包括了洗手、洗脸、漱口等环节。幼儿期是养成良好生活习惯的重要阶段,是保障幼儿身体健康的第一道防线[40]。因此老师要高度重视这一环节,有计划有组织地培养幼儿养成讲究卫生的习惯。对于这一环节,可以从盥洗前、盥洗、盥洗后三方面来进行危险源的预控管理。

(一)盥洗前

盥洗前是幼儿盥洗的重要组成部分,它是保障盥洗顺利进行的关键环节。盥洗前的工作不到位会给后面盥洗的进行带来安全隐患。因此,在盥洗前教师要认真做好准备工作,不可轻易怠慢此环节。

1.盥洗前的危险源

(1)未对盥洗室地面进行打扫

【案例35】某幼儿园户外活动结束后,幼儿需要进行如厕、盥洗。但是教师没有注意到地面有积水,幼儿进去后滑倒了,还好当时进去的幼儿人数不多。教师赶紧扶起幼儿,及时清除积水,才避免了更多幼儿摔倒。

(2)毛巾架位置摆放不合理

(3)教师未发现毛巾架松动

(4)未对毛巾进行定期清洗

(5)未将洗涤剂和消毒品摆放到合理的位置

【案例36】某幼儿园,为了方便清洗,消毒液和洗衣粉都是放在卫生间的,而整个幼儿园就一个卫生间,每天小孩都要进来上厕所。无论放在窗台上,还是椅子上,小孩伸手就能拿到。有一天,一个只有2岁半的幼儿在园里竟然误服了84消毒液,家长要求幼儿园赔偿医疗费和营养费。医生也提醒家长和学校,对药品、清洁用品及其他危险液体要小心存放。

(6)教师未组织幼儿排队或秩序混乱

(7)教师未对幼儿进行盥洗安全教育

2. 盥洗前的预控管理措施。

(1)保教干事

保教干事要定期对盥洗室地面上积水情况、毛巾架及其摆放位置、毛巾干净程度、洗涤剂和消毒品的位置、幼儿盥洗时的秩序、教师对幼儿进行的安全教育等问题进行检查,若出现问题,要对相关责任人进行提醒或批评;保教主任或保教副园长要进行监督检查,发现问题,要对保教干事及教师进行批评、警告。

(2)教师

教师在盥洗前应对幼儿进行安全教育,教育幼儿正确使用洗涤用品,避免幼儿随意乱动洗涤剂和消毒品,造成误食;教师还应组织幼儿排队盥洗,并在盥洗时提醒幼儿调整水的大小,不要将水溅出来。

(3)保育员

保育员应时刻保持毛巾清洁,并放到阳光下晾晒;应将洗涤剂和消毒品放置于柜中或幼儿触摸不到的地方,严禁胡乱摆放。

(4)后勤人员

后勤人员应将挂钩置于盥洗台附近,挂钩数与幼儿数相匹配,且高度适合幼儿;应定期检查毛巾架摆放位置,发现损坏及时进行更换。

(二)盥洗

盥洗是保障幼儿身体健康的重要环节,此环节若流于形式,幼儿的卫生得不到保障,健康也将受到威胁。盥洗活动看似简单,但是在现实生活中也存在很多安全隐患。

1. 盥洗的危险源

(1)教师对幼儿的监管不到位

【案例37】某幼儿园在一次户外活动结束后,幼儿到盥洗室盥洗,此时教师还在教室外处理事情,没有及时赶到盥洗室。幼儿全部进入后,由于地方空间较小、幼儿数量多,发生了挤撞,一名幼儿撞到了墙壁,碰到了头部。

(2)幼儿未使用香皂洗手或洗得不干净

(3)幼儿未洗脸

2. 盥洗的预控管理措施

(1)保教干事

保教干事定期检查教师对幼儿的盥洗工作,发现幼儿乱动洗涤剂和消毒品或幼儿手脸不干净时应对教师进行提醒、批评、警告。

(2)教师

教师应组织幼儿分组进行洗手,引导幼儿遵守盥洗规则,有序洗手;仔细观察,避免幼儿随意乱动洗涤剂和消毒品;幼儿洗手后,教师要检查每名幼儿手洗得是否干净。

(3)保教主任/保教副园长

保教主任/保教副园长应定期进行监督检查,发现违反标准的教师及保教干事应对其进行批评。

(三)盥洗后

盥洗后幼儿将进入下一个环节,此环节为过渡环节。在盥洗过程中不免会出现一些问题,幼儿使用香皂方法不正确或洗手时打湿衣服,若教师没有及时处理好这些问题,将会影响下一环节的进行,同时对幼儿的身体健康造成不良影响。

1. 盥洗后的危险源

(1)后勤人员未清洗肥皂袋(有肥皂袋的情况下)

(2)保育员未对擦手帕进行消毒

(3)教师未及时更换幼儿盥洗时打湿的衣物

【案例38】某幼儿洗手时,特别爱玩水,每次都会洗好长时间。有一次,该幼儿洗手时,依旧慢悠悠地不停地玩水。教师多次催促后并没有停止,但是后来该教师忙于组织其他孩子,忽略该幼儿。等过了好长时间教师才想起来,到盥洗时该幼儿还在玩水。此时正值冬天,幼儿衣服的两个袖子都湿了。幼儿家长也没有为幼儿准备备用衣服,刚好此时下一环节就是午睡,教师只好把该幼儿的衣服脱了下来,放到暖气片上烤干。而该幼儿是双胞胎,教师让该幼儿穿着姐姐的外套睡觉。午睡结束后该幼儿的衣服刚好干了,穿戴好开始下一环节的活动。

2. 盥洗后的预控管理措施

(1) 保教干事

保教干事应监督保育员的工作,若发现肥皂袋未清洗、擦手帕未进行清洗消毒、幼儿衣物打湿未更换等情况,应及时提醒教师并对其进行批评;保教主任或保教副园长应对保教干事的工作进行监督,如果发现问题,对其进行批评、警告,确保人司其职。

(2) 教师

教师应提醒幼儿盥洗时注意不把衣物打湿,在盥洗后检查幼儿衣物是否打湿,如有打湿的情况应及时为幼儿更换干净的衣物[41]。

(3) 保育员

保育员应使用符合安全生产标准的肥皂袋;定期对肥皂袋进行清洗、更换,确保清洁;每天中午对擦手帕进行清洗、消毒。

七、进餐

我国大部分幼儿园都是日托的形式,即使半日托的幼儿园,也存在幼儿在园的进餐环节。幼儿自理能力较差,甚至部分幼儿在入园之前都由家长喂饭,根本不会独自进餐,所以,幼儿园在锻炼幼儿自主进食、养成良好的饮食习惯上重担在肩,幼儿进餐环节也成为幼儿一日生活的重要组成部分,是幼儿从依赖他人向独立性发展的重要一步[42]。幼儿在进餐环节出现的危险源可根据时间顺序从进餐前、进餐时和进餐后查找。

(一) 进餐前

进餐前的准备工作是帮助幼儿养成良好饮食习惯,同时防止幼儿被烫伤、烧伤的重要步骤。

1. 进餐前的危险源

(1) 进餐前,保育员工作的失误容易引发的危险源

①餐具餐桌消毒不到位。

②取餐打饭过程慌张大意。

【案例39】某幼儿园保育员在午餐时间,把饭桶提到班内,未跟教师交接就赶紧去厨房拿勺子,主班教师正在辅导另一名幼儿手工,在无人注意的情况下,幼儿不慎绊倒,掉进有沸水的锅中,造成严重烫伤。

(2)从教师角度考察,餐前的危险源

①教师监管不到位,幼儿餐前未如厕、洗手。

②餐前活动组织不当,幼儿未能安静下来[43]。

2. 进餐前的预控管理措施

(1)保育员

保育员可参照以下方法,避免此类危险的发生:保证餐桌每餐使用前消毒,即使用1:200的84消毒液擦拭餐桌,停留十分钟,再用清水擦洗干净之后方可以使用,同时要告知幼儿不将手放在餐桌上,以免手上沾染消毒液水;也可以使用高温杀菌等消毒方法。加盛饭端饭时饭菜、勺子等不要越过幼儿头顶,避免食物洒出;汤类、粥类、牛奶等食物提前盛好,稍凉后盖上盖子,手背贴在桶壁不烫再拿到班中;冬季,盛餐的容器要套上棉套,或放到保温箱中进行保温,以防食物变凉;保育员要守候在粥类、汤类食物旁边,给幼儿盛粥类食物时一次不宜盛得过满,随时为有需要的幼儿添加。

(2)教师

教师应在进餐前组织幼儿进行有序的如厕及盥洗活动;并在餐前开展平静而舒缓的活动,如:律动、手指操、讲故事、念儿歌等,避免饭前二十分钟进行大型户外活动或耗费过多体力的活动,平复幼儿情绪;还应为幼儿讲解今天饭菜的营养价值,激起幼儿的食欲,培养幼儿不挑食的习惯。

(3)保教干事

保教干事负责定期检查餐具餐桌的消毒工作,发现不符合标准情况,对保育员及时提醒,令其整改;还应每日对保育员取餐分餐工作进行巡视检查,确保按照标准执行,若发现保育员打饭不仔细行为对其进行提醒,对情节严重者进行批评。保教干事还应做好对教师餐前工作的检查与监督,如发现存在幼儿未如厕、洗手的情况,对教师进行提醒。

(4)保教主任/保教副园长

保教主任/保教副园长应严格执行管理标准规定,并对餐桌的消毒工作进行每周至少1次巡视检查,发现存在清洁不合格的情况则对保教干事进行批评,对情节严重者进行警告,提高保育员及保教干事的安全意识。还应至少1个月1次对教师进行餐前活动的培训,确保教师能更好地带领幼儿进行丰富多彩的适宜的餐前活动。

(二) 进餐时

幼儿进餐时教师和保育员一定要关注幼儿的行为,进餐时因幼儿将饭撒到身上,或不专心造成的烫伤、噎住等意外屡有发生。

1. 进餐时的危险源

(1) 未把食物温度控制在合理范围内

【案例40】上小班的小丫在教室用餐时,被老师端着的热汤烫伤面部,被送到医院救治。经医院烧伤专科收治诊断:小丫属热液烧伤头面部。经过21天的住院治疗,小丫的面颈部创面基本愈合,但面部遗留下了30平方厘米以上的瘢痕,后经鉴定,构成了九级伤残。

(2) 幼儿用餐不专心、挑食、玩弄食物或餐具

(3) 幼儿下座位时手里拿筷子、勺子

【案例41】某班幼儿天天吃饭途中被保健医生叫去量体温,天天手拿筷子向外跑,正好撞到捧着碗添饭的幼儿鹏鹏身上,致使鹏鹏眼角出血,万幸没伤到眼睛。

2. 进餐时的预控管理措施

(1) 教师

教师应教育幼儿进餐时不说话、不咂嘴、不打闹、不挑食,不用手抓食物,不剩饭菜,不弄脏桌面,地面和衣服,不东张西望,骨头、残渣放在指定的地方,不将自己不吃的饭菜挑在别的幼儿碗里等,帮助幼儿养成良好的用餐习惯[44],若部分幼儿感觉饭菜稍微有些烫时,应提醒其吹一吹再吃或者一小勺一小勺地吃。还应加强对幼儿进餐时的监管,若发现幼儿出现不好的进餐行为,应及时进行制止和教育;可通过儿歌等形式,采取正面引导、积极鼓励的方法,教育并指导幼儿养成良好的就餐习惯;可通过设立"好孩子吃饭评比栏",每日进行评比,采取奖励贴画等方式激励孩子养成良好的进餐习惯。

(2) 保教干事

保教干事应每日对幼儿进餐环节进行巡视检查,发现幼儿存在打闹、玩食物等不安全行为时应及时制止与教育,并对未尽到职责的教师进行提醒、批评。

(3) 保教主任/保教副园长

保教主任/保教副园长应每日巡视保教干事的工作,发现问题应及时

提醒或批评。

(三)进餐后

进餐后的整理工作至关重要。教师要带领幼儿安静散步,以便幼儿能安然午睡;保育员后续的清洁工作有助于保证餐厅(活动室)卫生,杜绝蚊蝇滋生、防止疾病发生。

1.进餐后的危险源

(1)幼儿送餐具时打闹

(2)幼儿没有洗手、漱口及擦嘴

(3)保育员未做好清洁消毒工作

(4)保育员未清洁干净餐后场地

(5)教师对餐后活动组织管理不当,秩序混乱

2.进餐后的预控管理措施

(1)教师

教师在此过程中应分工明确,有人负责照顾正在进餐的幼儿,有人负责照顾已经进餐完毕的幼儿,以便照顾到每个幼儿;教师还应引导幼儿将自己碗里的饭吃干净,用毛巾擦嘴后,将碗、勺子、毛巾轻轻地放入固定的容器里;餐后安静活动或散步10~15分钟,确保所有幼儿都在教师视线范围内,如发现幼儿有打闹等行为,应及时制止并教育;外出散步时,如遇炎热、下雨等天气,教师应组织幼儿在室内活动。

(2)保育员

保育员应为幼儿准备温水洗手、漱口,通过各种活动帮助幼儿认识到洗手、漱口的重要性,培养幼儿良好餐后习惯的养成。幼儿进餐完毕后漱口的顺序为:首先用自己的口杯接水漱口;其次将漱口水含在嘴里鼓漱3~5次,再吐进水池;最后用餐巾擦干净嘴,将口杯放回水杯柜中。保育员应将地面清扫干净整洁,保持场所干爽清洁;对擦嘴巾、餐具等进行必要地清洁消毒,确保使用时的卫生安全。

(3)保教干事

保教干事应对幼儿进餐的看护工作进行监督检查,发现问题对教师进行提醒;应检查教师保育员引导幼儿饭后洗手、漱口等工作,发现问题对教师进行提醒;应对餐后活动中教师的看护工作进行巡视检查,如若发现擅离职守,或未认真履行职责,对其进行批评。

(4)保教主任/保教副园长

保教主任/保教副园长应至少1周1次对就餐后的整理清洁工作进行督查,发现问题及时处理并对保教干事进行批评;保教主任/保教副园长可每周将表现好的班级负责人进行书面表扬,若一个人连续三周都受表扬的话采取一定的奖励形式,激励其他保育员不断进步。还应定期进行教师经验交流会,教师一起讨论工作中遇到的问题,集思广益,有好的经验交流给其他教师,促进教师队伍的成长。

八、如厕

如厕是幼儿一日生活中必不可少且重复多次的环节。它能反映一个人最基本的生活自理能力和卫生习惯。从小培养幼儿如厕能力,不仅是社会发展的需要,也是幼儿自身发展的需要。对于这一环节,可以从如厕前、如厕、如厕后三方面来进行危险源管理。

(一)如厕前

如厕前的准备是幼儿进入如厕活动的准备阶段,此环节是否完好进行,对后面如厕环节的开展有着重要的影响,因此教师不可轻视此环节的重要性。

1. 如厕前准备的危险源

(1)卫生间地面有水

【案例42】某幼儿园大班幼儿在如厕小便时,由于地面较湿,不小心滑了一下,摔倒在地,额头磕在小便槽的边角,裂开了口子,缝了好几针。

(2)教师未检查便池是否干净

(3)教师未检查管道是否漏水

(4)保育员未准备齐卫生纸

(5)卫生间台阶上未设有防滑垫

【案例43】某幼儿园小班幼儿户外活动之后,急着上厕所,匆匆地往厕所跑。结果刚进卫生间,上台阶一不小心就摔倒了,嘴巴下面当时就裂开了一条口子,在医院缝了几针。

(6)保育员未发现马桶座圈松动(针对使用马桶设施的幼儿园)

2. 如厕前准备的预控管理措施

(1)保育员

保育员应在幼儿如厕前后及时将地面打扫干净,不定时检查卫生间地面状况,发现有积水要立即打扫干净,确保地面清洁、干燥;教师应在幼儿如厕前检查便池是否干净,若不干净则需冲洗干净后再供幼儿使用。

(2)教师

教师应在幼儿如厕后立即冲洗大小便池,做到无异味、无水渍;教师应培养幼儿安静有序的良好如厕习惯;随机进行安全教育,提高幼儿如厕的自理能力;教师应培养幼儿良好的卫生习惯,教导幼儿便后冲水,便后洗手[45];教师应及时报修便池漏水问题,并时刻关注维修进度,督促后勤部门尽快处理。

(3)保教干事

保教干事定期检查马桶或便池干净情况、管道漏水情况、卫生纸情况、卫生间台阶上的防滑垫情况,如果发现存在问题,应对教师进行警告处分。

(4)保教主任/保教副园长

保教主任/保教副园长应不定期进行监督抽查,发现问题,对教师进行警告,若多次发现则对其进行处罚。

(二)如厕

如厕是幼儿一日生活中的重要环节,对幼儿进行如厕能力的培养,有益于增进幼儿生活自理能力,对幼儿的独立性、克服困难的能力等都有重要作用。

1. 如厕的危险源

(1)教师未帮助不会使用手纸擦屁股的幼儿

【案例44】在小班如厕期间,有一幼儿大便后擦屁股,只见她屁股翘得高高的,手里拿着一大叠手纸,拉完后就拿起一张纸擦起了屁股,一擦手纸中间用力被擦破了一个洞,她马上一扔,再拿一张来擦,然后又有一个洞,再扔……拉一次大便,手纸用了一大堆,屁股擦得并不干净,且手也弄脏了。

(2)便槽边未设有扶手

(3)便槽边的隔墙或架空隔板有尖角

(4)教师在幼儿如厕时未进行看护

【案例45】户外活动结束后,幼儿都急急忙忙冲向厕所,此时教师还在教室外面组织其他幼儿,厕所门口没有教师站岗。结果进入厕所的幼儿太多,幼儿争抢厕所,两个男孩发生了争执,一个男孩直接一拳打到了另一个男孩的脸上,青了一大片。为此家长对幼儿园不依不饶,园长亲自出面道歉才罢休。

（5）幼儿便后未洗手

2. 如厕的预控管理措施

（1）保教干事

保教干事定期检查幼儿如厕情况，如果发现教师未帮助不会使用手纸擦屁股幼儿的情况，应对教师进行警告处分；后勤主任/后勤副园长定期抽查便槽周边情况，如果发现未设有扶手、架空隔板有尖角的情况，对后勤人员进行提醒或处罚。

（2）教师

教师应陪同幼儿如厕，指导幼儿学会正确的如厕方法、正确使用手纸的方法、正确的洗手方法，如幼儿有擦不净的情况，教师要帮助完成，并用湿纸巾擦干净，视情况给予冲洗屁股。

（3）后勤人员

后勤人员应定期检查便槽边的隔墙或架空隔板是否尖锐，如尖锐，应采取在尖锐处包裹塑料薄膜等措施进行防范；应在便槽边加设幼儿扶手，促使幼儿养成独立排便的良好习惯。

（三）如厕后

1. 如厕后整理的危险源

（1）教师在幼儿如厕后未清点人数

（2）教师未及时换掉幼儿湿掉的衣物

【案例46】某幼儿园小班幼儿在小便后，由于没有脱好裤子，把裤子尿湿了一片。该幼儿当时并没有告知教师，过了很长时间，幼儿一直说冷，老师才发现裤子湿了，该幼儿家长也没有为其准备备用衣服。教师只好把幼儿衣服脱了让幼儿躺在被窝里，又给家长打电话，让家长送衣服过来。

2. 如厕后整理的预控管理措施

（1）保教干事

保教干事定期检查卫生间是否有遗留幼儿、幼儿衣物干湿情况，如果发现问题，应及时把幼儿带出并对教师进行批评处分；保教主任/保教副园长不定期进行抽查，发现问题，对教师进行处罚。

（2）教师

教师在如厕后应清点幼儿人数，确保没有幼儿被遗留在卫生间；如厕后教师要检查幼儿的衣物是否有弄湿的情况,发现幼儿弄湿衣物时,教师应及时为幼儿更换衣物,避免幼儿感冒。

九、午睡

午睡是幼儿一日生活中不可缺少的环节。午睡质量的优劣直接影响着幼儿下午的生活、学习乃至身心健康。教师不仅要为幼儿提供质量好的教学活动,同时也要帮助幼儿养成良好的睡眠习惯。

(一)午睡前

午睡前准备是为了幼儿能较快、舒适地入睡,这一环节直接影响到幼儿睡眠质量,进而影响幼儿的下午活动。教师应该避免幼儿进行剧烈的运动,本着以静为主、动静交替的原则安排这一时段的活动,认真做好幼儿午睡前准备工作。

1. 午睡前准备的危险源

(1)寝室未进行睡前的开窗通风

(2)教师未管理幼儿

(3)教师未检查幼儿口袋

【案例47】2009年8月31日午睡时,"老师,我吞了一个长长的东西",小泽的话让陈老师吓了一跳。原来,毛毛递来一颗铁钉让小泽丢掉,小泽却将钉子放在口袋里,陈老师也未检查小泽的口袋。午睡时小泽将铁钉放在手里把玩,不料,手一松就掉进嘴里,而没任何防备的小泽将钉子吞了下去。

(4)教师未检查幼儿口腔内是否有食物残留

(5)教师未协助小班幼儿脱衣

(6)教师未卸下女孩子佩戴的发卡

【案例48】某幼儿园里有许多扎辫子的小女孩,头上都带了各式各样的发卡。在孩子们午睡的时候有的小女孩会趁老师不注意偷偷地拿下发卡玩,有的甚至还会放在嘴里,或是和邻近的小朋友一起玩,送给别的小朋友。有一次午休,一个小女孩正把发卡往另一个小朋友的鼻子里放,教师刚好从旁经过,制止了,否则后果不堪设想。

(7)教师未对床铺进行安全检查

2. 午睡前准备的预控管理措施

（1）保教干事

保教干事每天检查幼儿寝室是否定期开窗通风，定期检查教师睡前准备工作、幼儿口袋残留物品等情况，每天检查幼儿口腔是否有食物残留、幼儿是否脱衣睡觉，发现教师未做好工作，对其进行教育、批评、指正；保教主任/保教副园长定期进行监督检查，若发现问题，对教师进行安全教育。

（2）教师

教师必须保持空气流通，应在午睡前拉好窗帘，为幼儿创设一个良好的睡眠环境，保持寝室的干净、通风、无异味；保证夏季室温不低于27～28度，冬季在15～18度之间。在午睡前做好帮助幼儿脱衣等基础准备工作，检查幼儿口袋是否携带危险物品，培养幼儿穿（脱）鞋、外衣等基本生活技能。教师应督促幼儿饭后漱口，发现异物应及时进行处理[46]。

（二）午睡中

幼儿期正是生长发育的旺盛时期，高质量的睡眠能有效地促进幼儿身体正常发育和机能的协调发展，对增强体质，培养良好的生活习惯、卫生习惯，同时对参加体育活动的兴趣起着重要作用，所以午睡要重视质量，让幼儿享受睡眠带来的快乐。

1. 午睡中的危险源

（1）教师交接班时未清点幼儿人数

（2）教师在交接班时未对幼儿健康状况进行说明

【案例49】某日，贝贝小朋友有些发烧，早上家长向老师说明了情况。但是，午睡前，该教师未向值班老师说明情况。午睡过程中，值班教师见贝贝不停地踢被子，便轻声地提醒道："贝贝安静点！"可是贝贝却一点反应也没有。老师走近发现，贝贝正口吐白沫，两眼上翻，浑身抽搐，不省人事。老师赶紧一边惊慌地呼唤着孩子的名字一边用拇指掐着孩子的人中，渐渐地贝贝有了反应，停止了抽搐，张开双眼疲倦地看着老师，应急处理后，贝贝被送往医院，诊断为发热引起的惊厥。

（3）值班教师未对高铺的幼儿进行帮助（针对有高铺的幼儿园）

（4）幼儿互相打闹、嬉戏

（5）教师未纠正幼儿不正确的睡姿

（6）教师未能及时发现幼儿盖被问题

(7)教师未对幼儿进行巡视、观察

(8)教师未对身体不适的幼儿多加照顾

(9)教师擅自离岗

【案例50】某幼儿园一大班午睡室里,大部分孩子渐渐入睡,值班老师巡视了几圈后便坐下来备课。忽然传来轻微的抽泣声,该老师连忙起身去查看。发现该幼儿口吐白沫,四肢抽搐。该教师急忙掐住人中穴,喊来其他教师,将其送往医院,该幼儿得到及时治疗,并无大碍。若教师没有高度安全意识擅自离岗,后果将不堪设想。

2. 午睡中准备的预控管理措施

(1)保教干事

保教干事定期检查交接班时幼儿人数是否正确。每天巡查幼儿午睡状况、午睡秩序、幼儿睡姿是否正确、幼儿被子是否盖好。监督检查教师是否进行巡视、是否对身体不适的幼儿多加照顾及教师在岗情况。若发现问题,应对值班教师进行提醒、教育并指正;保教主任/保教副园长应定期进行监督检查,发现问题,对当班教师进行安全教育等惩罚。

(2)教师

教师应在交接班时清点幼儿人数,确保午睡的幼儿与来园的幼儿人数一致。教师要对每个孩子的情况做到心中有数,了解孩子上午生活、学习、身体等的情况。教师应严格遵守午睡值班制度,不得擅自离岗。教师平时应教育幼儿不得在床上打闹、嬉戏,严禁幼儿在床上站立、乱蹦乱跳,要培养幼儿安静入睡的好习惯。教师应培养幼儿良好的生活习惯,提醒幼儿右侧卧躺下,及时帮助幼儿纠正不良的睡姿。教师站和坐的位置要能看到全体幼儿的入睡情况,在进行巡视时注意幼儿的午睡姿势(不蒙头、不俯卧、不咬被角、不吸吮手指等),盖好被子,发现幼儿的异常情况要及时询问,并进行处理。

(三)起床

起床后幼儿将进入下一个环节,此环节为过渡环节。这一环节是幼儿下午生活的开始,对后面环节的开展有着重要的影响。因此,在起床中教师要以良好的情绪开启孩子美好的心情,为下面的活动做准备。

1. 起床的危险源

(1)教师未按时或采取正确的方法叫幼儿起床

(2)教师未协助小班幼儿穿衣、穿鞋

(3)教师未有效组织幼儿到教学区域

【案例51】午睡起床了,小朋友们自己穿好衣服裤子都离开了睡房,只有两个小朋友还在睡房跑来跑去打打闹闹,老师大声说:"起床啦,快点出来不要在里面玩了",可是这两个小朋友没有反应,这时一个家长打电话来说要给宝宝送衣服让老师去楼下取,老师便离开了一会儿。当牛牛准备下床的时候,那两个在睡房里玩的小朋友跑得太快,把牛牛撞倒在地上划伤了脸。老师马上观察了一下牛牛,还好只是一点点擦伤,带着牛牛来到保健室擦拭好伤口,放学后,把整件事情告诉了双方家长。

(4)教师未检查幼儿床铺

【案例52】某幼儿园中班一幼儿,午睡的时候尿床了。幼儿起床后没有告诉教师,教师也没有检查幼儿的床铺。幼儿就这样一直穿着湿衣服,直到下午家长来接孩子,家长发现后询问老师,老师一脸茫然。第二天幼儿就发烧了,没有来上学。原因是正值冬天,在下午的户外活动中,幼儿被冻着了。

(5)保育员未进行幼儿床褥的清洗消毒

(6)保健医生未给患病幼儿吃药

2. 起床的预控管理措施

(1)保教干事

保教干事每天巡查教师是否按时叫幼儿起床、是否有效组织幼儿到教学区域。定期检查幼儿衣物是否有异味、幼儿被褥是否进行消毒及幼儿吃药情况。保教室应在流行病流行期间和多发季节,进行特殊消毒和预防,如在午睡时熏艾条、熏醋等。

(2)保教主任/保教副园长

保教主任/保教副园长定期进行监督检查,发现问题,对保教干事或教师进行警告,情节严重者则处以罚款、停职反思。

(3)教师

教师要按时组织幼儿有秩序地起床,指导和帮助幼儿穿好衣服、叠被子等。检查小班幼儿衣服、鞋袜,避免穿反鞋、穿错衣裤、不穿袜子的情况发生。根据季节特点照顾好幼儿午睡,帮助幼儿养成良好的睡眠习惯,教给幼儿正确穿脱衣物等基本生活技能。教师应有效组织幼儿排队并点名到教学区域。教师应在午睡后对幼儿床铺进行安全检查,发现物品及时进行清理,以防扎伤幼儿。

(4)保育员

保育员应对幼儿使用的床单、枕套、被套每两周清洗一次,6~9月份每周清洗一次;幼儿被褥每半月爆晒一次,时间4个小时,中间翻动一次,并及时做好记录;将幼儿被褥专人专用,铺放整齐,头尾分开,枕头摆放间距合适使幼儿躺下头靠头,脚靠脚,保持空气相对新鲜;对于出汗较多的幼儿被褥,应晾干后再收起。午睡尿床的幼儿用具应及时清洗。

(5)保健医生

保健医生应按照家长的嘱咐对患病幼儿进行定时、定量喂药;定时检查患病幼儿的身体状况;将幼儿的身体状况及时反馈给家长。

十、区域活动

区域活动是幼儿一种重要的自主活动形式,不仅为幼儿个性发展提供了机会,而且也是幼儿习得活动规则的重要途径[6]。这是根据幼儿发展需求和主题教育目标创设的,即充分利用各类教育资源,有效运用集体、分组和个别相结合的活动形式,组织幼儿进行自主选择、合作交往、探索发现的学习、生活和游戏活动。

(一)活动前

教师在幼儿区域活动的过程中,是支持者、合作者、引导者。教师的指导是幼儿是否能在活动区中得到较好发展的关键,好的开始是成功的一半,在区域活动中,活动前的准备和指导对整个活动过程来说至关重要。

1. 活动前的危险源

(1)对区域活动的空间大小安排不适宜,分隔物不牢固

(2)各区域间的安排不合理,未留有足够的安全通道

(3)投放的材料存在尖角

【案例53】某幼儿园教师在进行区域活动的区角创设时,用5个易拉罐做成了一架直升飞机,特别好看,幼儿很喜欢。但是该教师没有考虑到材料的安全性,用易拉罐制成的飞机边角都很锋利。结果幼儿用手摸的时候,把手划破了。

(4)投放的活动材料零件易于拆卸

(5)未对投放的材料进行卫生检查

(6)对区域活动的幼儿人数、材料数量分配不合理

(7)未告知幼儿注意事项

【案例54】美工区的剪刀是经常使用的工具。某幼儿园,在一次手工活动中,教师没有提醒幼儿注意使用剪刀的安全,结果一名幼儿悄悄剪了小手指上的表皮,虽不至于流血,也很危险了;另一个幼儿则把同桌一女孩子的羽绒服剪了一个小口。

2.活动前准备的预控管理措施

(1)保教干事

保教干事应检查教师区域活动的各项工作,对投放的材料进行检查,如发现危险,及时提醒并令其立即处理;保教主任/保教副园长不定期进行检查,发现问题对教师和保教干事进行安全教育;幼儿园可以每月进行一次教师区域活动的培训,提升教师认识与安排能力。

(2)教师

教师应掌握丰富的区域活动知识,安排好各区域的大小及分隔,各个区域之间以及区域通往卫生间、活动室的通道要畅通并相对固定。教师应在区域设置时充分考虑幼儿的便利,并对可能出现的危险行为进行预防;教师在投放材料前应检查材料是否符合卫生标准、安全。如存在掉色或有刺鼻气味、有尖角的材料不应发放给幼儿。对区域的活动材料橱子、柜子等有棱角或者尖锐的地方进行软包,以免幼儿磕伤、碰伤;教师在区域活动开始前应对幼儿进行安全教育,如不拆卸材料、不将材料或材料的零件塞入口鼻。教师在幼儿使用材料前应提醒幼儿注意安全,不使用有尖角的材料并将它交给教师;教师应每日对材料进行清洗消毒,避免细菌滋生;熟悉了解各个区域的活动规则及可容纳的人数;教师应告知幼儿活动规则,并在区域活动的入口处张贴进区规则,让幼儿根据规则进区;教师应及时提醒幼儿注意事项,在进区前对幼儿进行安全教育,尽可能把不安全因素排除。

(二)活动中

区域活动是幼儿通过游戏进行的自主学习,允许幼儿自由选择,自由探索,给了幼儿宽松的心理氛围,从而诱发幼儿的创造力、想象力、语言表达能力、交往能力等[41]。活动过程中,要合理安排每个区域的幼儿数,给幼儿充分的活动空间,尤为重要。

1.活动中的危险源

(1)教师之间未明确分工,不能掌握每名幼儿的情况

【案例55】某幼儿园的区域活动有个美食区,由幼儿自己做东西吃。有一次两个幼儿做葱油饼,需要用刀切葱。但是教师没有做好分工,谁都没有注意美食区的幼儿,导致幼儿在用刀子时不小心切到了手指。

2. 活动中的预控管理措施

(1)保教干事

保教干事应定期监督检查教师在安排幼儿进行区域活动时的状况,发现问题对教师进行提醒或批评;保教主任/保教副园长不定期检查,发现问题及时解决并对教师和保教师干事进行安全教育。

(2)教师

教师应明确分工,确保每一个区域活动都处于监管之下,每一位幼儿都在教师的视线范围之内;教师要扮演好活动的参与者、指导者、秩序维护者的角色,及时发现并有效制止幼儿的各种危险行为。

(三)活动后

区域活动结束后,材料需要整理归位,即是这一活动的完美收工,也是下一次幼儿进行区域活动的开始。所以教师要帮助幼儿认真整理材料。

1. 活动后的危险源

(1)未检查、整理活动材料

(2)未检查幼儿口袋

【案例56】某幼儿园教师在区域活动结束后,匆匆收完了材料,没有检查幼儿的口袋。有一个幼儿在美工区活动的时候,特别喜欢美工区的珠子,于是就放到了口袋里。有一次幼儿将珠子放到了嘴里,刚好有一名幼儿推了一下他,导致幼儿将珠子吞了下去。

2. 活动后的预控管理措施

(1)保教干事

保教干事进行定期监督检查,发现教师未整理活动材料或幼儿将材料放入口袋的现象,对教师进行提醒或批评;保教主任/保教副园长不定期进行监督检查,发现教师及保教干事工作不认真对其进行警告、批评。

(2)教师

教师应在区域活动结束后对幼儿进行安全检查,检查幼儿是否携带活动材料;教师应对幼儿进行安全教育,活动结束后将材料合理归位。

十一、离园

离园即幼儿一天在园生活结束了,要准备离开幼儿园回家了。这是幼儿园一日生活的最后一个环节,也是让幼儿身心放松进行整理的阶段。做好幼儿离园的安全工作可以为幼儿一天的在园生活做一个总结,可以给家长一个满意的交代。幼儿经过了一天的在园体验,有了很多感受。老师可以利用离园的这段时间,进行离园准备,比如幼儿感情的整理、仪表仪容和离园物品的整理等等。离园环节要保证幼儿的安全和心情愉快。

(一)准备活动

准备活动,顾名思义即幼儿离开幼儿园之前的准备工作,包括稳定幼儿情绪、整理他们的物品等等。做好离园准备活动是离园环节的第一步,也是非常重要的一步。

1. 准备活动的危险源

(1)未组织幼儿安静地活动,未稳定幼儿情绪,秩序混乱

【案例57】2002年5月17日,河南某幼儿园下午5:00是离园时间,这段时间孩子们很急切,老师让孩子自由活动,等待父母来接,老师自己去完成一天下来没完成的任务。在临近5:00时,老师发现少了一个孩子,急忙去寻找,在马路的十字路口,发现了孩子,同时孩子的父亲也赶到了现场。询问得知,近几天孩子身体不舒服,总想回家,临近离园时,偷偷从幼儿园溜出来,遇到了交警,幸运的是孩子没有发生意外,孩子还能知道父亲的电话。

(2)未对幼儿进行离园时的安全教育

(3)教师未帮助幼儿穿戴整齐衣物

(4)教师未回顾梳理幼儿的一日生活中特殊的情况

(5)未阻止外来闲散人员入园

2. 准备活动的预控管理措施

离园的准备活动要求老师组织活动,让幼儿学习整理自己的仪容、物品等,保持愉快、稳定的心情,保证幼儿的身心安全是此环节最为重要的一点。因此教师(门卫)对幼儿的安全应承担起直接的责任。相应的预控管理措施如下:

（1）园长或相关负责人员

园长或相关负责人员应对此过程进行监督，发现有何遗漏时应及时提醒并弥补；对门卫的工作进行监督管理，确保门卫严格按照岗位标准执行，严禁闲杂人员进入园内，确保教职工及幼儿的人身安全等。

（2）教师

①教师应在家长到来之前组织幼儿进行简单安静的活动；应在家长到来之前维护好幼儿园的秩序，不得让幼儿私自靠近大门口。

②离园前，教师应通过背诵儿歌等方式对幼儿进行安全知识教育，提升幼儿安全意识，确保幼儿出行交通安全。

③教师应在家长接幼儿离园之前为幼儿穿戴好外套或帽子等相关衣物，并检查是否有遗漏；应确保幼儿的各种物品齐全，待家长到来时做好交接工作；应回顾幼儿一天的情况，对有特殊情况的幼儿要有所记录，如尿裤子、咳嗽、流鼻血等现象，以便家长到来后对家长进行相关事宜的嘱托。

（3）门卫

①门卫人员要坚守工作岗位，认真履行职责，严格执行门卫安全管理制度，严禁闲杂人员进入园内，确保教职工及幼儿的人身安全和幼儿园财产的安全。

②门卫要按规定到岗值勤，未经领导批准，不得调班，准时按规定交接班；在值班期间不得擅离工作岗位，不串岗，做好外来人员的查询登记工作，严把第一关，不得让外来人员随意进入幼儿园内、活动室、寝室及食堂、物品保管室等。

③门卫人员要做好幼儿园周边环境的安全秩序维护工作，严禁各种车辆停留在幼儿园大门外，要保证幼儿园大门、安全出口畅通无阻，发现幼儿园周边环境存在着安全治安隐患时要及时处理、报告。

（二）交接

交接即老师安全地将幼儿交给幼儿家长。这是保证幼儿安全离园最为关键的环节，要求教师认真对待，对幼儿负责，确保幼儿安全地被其家人带走。

1. 交接的危险源

（1）教师未严格按照接送卡制度跟家长交接幼儿

【案例58】2012年3月23日下午5时许，泰州市民郭女士照例来到当地红五星幼儿园，接5岁的儿子毛毛放学回家。然而，"你儿子被人接走了。"老师的一句回答,将郭女士吓得魂飞魄散。泰州开发区警方接报后迅速组成专案组进行侦查,4小时后将毛毛解救。原来,毛毛是被郭女士以前的邻居、现有精神障碍的一名长发女子"接走"的。有精神障碍的人可以进入幼儿园,并接走孩子,郭女士质疑该幼儿园的门卫管理和接送制度。

(2)在接领人变动情况下,教师不能准确说出幼儿被谁接走

(3)未向家长嘱托特殊幼儿的状况

(4)未成年人和不适宜接送幼儿的人员接领幼儿

【案例59】2000年9月19日,7岁的李亮亮放学后来到金水区百慧幼儿园,领走了在这里上学的4岁的弟弟李星星。兄弟俩没回家,而是来到了附近某中专学校院内一个池塘边玩耍,不幸双双溺水身亡。李家父母遂将百慧幼儿园和某中专起诉到法庭,认为幼儿园没有尽到监护责任。法院审理认为,被告百慧幼儿园在幼儿接送过程中,让一个无民事行为能力人接走4岁的弟弟,对事故发生有一定过错。

(5)未及时清点剩余幼儿的人数

(6)未照顾到晚接幼儿的情绪

2. 交接的预控管理措施

交接一直是幼儿事故频发的环节,交接要求老师将幼儿安全的交给幼儿的家长或者经核实可信任之人。由于幼儿自身的识别能力有限,教师对幼儿的安全应承担起主要的责任,相应的预控管理措施:

(1)园长或相关负责人员

园长或相关负责人员应监督教师实施接送卡制度,若发现教师未严格按照制度实施,应对教师进行批评整改,若多次发现则要警告、批评、罚款或停职反思;应在日常培训学习中,要求教师每天记录幼儿特殊状况并及时告知家长,强化交流意识和接领制度培训方面的学习;应定时抽查未被接领幼儿的照看情况,发现教师照看不到位的应及时提醒,并对教师进行批评教育,若多次发现对教师进行警告罚款,或解除劳动合同。

(2)教师

①教师应要求家长必须按照幼儿园的统一要求自行为幼儿办理接送卡;要对持接送卡的成人进行确认,确认无误后方可放行幼儿,同时做好接领记录;幼儿被接走后教师应及时与家长联系,确保幼儿已安全到家;教师应要求单亲(特殊)家庭家长事先向幼儿园提供一份不可作为接领

人的人员名单,并尽可能提供照片给幼儿园;家长如遗失接送卡,应立即与班级教师及安保人员取得联系,待班主任确认后立即补办接送卡。

②教师在让家长带走生病幼儿时应将幼儿当日的情况清楚明白地告知;应嘱咐保健医对生病幼儿当日的病情发展情况进行详细记录,并在家长接领幼儿时给予合理正确的建议;若幼儿在园受伤,教师应告知家长意外完整真实的过程,以及处理过程,并应由保健医生将可能带来的后果真实完整地告诉家长。

③教师在幼儿入园之初就应告知家长不应让未成年人接领幼儿离园,不得让酗酒、生病、情绪激动或过于消沉的人员带离幼儿;当遇到以上人员过来接领幼儿时,教师应及时与保教主任及幼儿家长联系,协商做出更好的处理方式。

④教师应对幼儿被接领的情况十分熟悉,随时清点剩余幼儿人数,掌握幼儿已被接领状况;应时刻关注幼儿动向,掌握幼儿位置,确保幼儿没有私自走出教室或等待区;对于晚接的幼儿,教师应组织其进行各类游戏,转移幼儿注意力;应多安抚幼儿,并时时关注幼儿情绪和动向,不得让幼儿擅自离开等待区。

(三)离园后

离园后的工作是要整理教室和相关的幼儿生活环境,保证整个园所的卫生和安全,为下一个工作日幼儿的来园提供一个舒适、安全的环境。

1. 离园后的危险源

(1)未对园内需要清洁消毒的设施设备进行清洁消毒

(2)未对园内的设施设备进行安全检查

【案例60】2010年3月31日,西安某幼儿园教师在下午送完所有孩子以后,着急地关灯、锁门回家,忘记关上窗户,当天夜里下大雨,造成临近窗户的玩教具损坏,地面湿滑。幼儿第二天来园,老师和后勤人员正在清扫、整理,影响幼儿在园的正常活动。

2. 离园后的预控管理措施

离园后的安全中心放在了整理和清洁卫生上,必须做好这一环节,才能保证幼儿第二天来园的身心健康。因此在这一环节中,保育员对幼儿的安全应承担起主要的责任,相应的预控管理措施如下:

(1)园长或相关负责人员

园长或相关负责人员应不定期对园内需要消毒的设施设备进行检

查,发现未清洁消毒或清洁不合格、消毒不彻底的现象,则应对教师、保育员提出批评警告,多次发现则进行处罚或解除劳动合同;应定时抽查幼儿园内设备设施的安全、完整性,发现存在安全隐患的设备设施要及时修复或更换。

(2)保育员

①保育员每日应做到幼儿离园之后,对园区内的大型玩具、教学教具、各区域地面、墙壁以及餐具、口杯等等进行彻底消毒清洁,并将清洁干净的餐具、口杯等放置在专用的橱柜中,保证第二天使用时的清洁。

②保育员每天应做到幼儿离园后全面检查幼儿园的桌椅板凳、玩教具,发现破损现象要及时报修或更换,保证第二天幼儿正常安全使用;应每天检查幼儿园的电器设备,查看是否有漏电、破损现象,若有应及时报修,保证幼儿及教职工的安全。

第三章 幼儿家庭危险源管理

室内篇

儿童意外伤害是一个重要的全球性公共卫生问题,目前已成为世界范围内儿童的头号"杀手"[48],儿童意外伤害多发生在儿童每日活动较多的场所,如家庭、路上、学校和运动场,其中家庭是最主要的活动场所,大约50%的伤害发生在家庭及其附近[49]。因此我们有必要来了解家庭中的危险源,并制定出相应的预防措施。"家庭室内篇"部分是按照家庭的布局结构进行相应的危险源分析,主要从卧室、客厅、厨房、卫生间、阳台五个部分来阐述。

一、卧室

卧室又被称作卧房、睡房,是供人睡眠、休息或进行娱乐活动的空间。幼儿在卧室内除了日常的休息睡眠以外,还会进行其他的娱乐、学习活动,因此卧室对于幼儿来说是非常重要的。

(一)卧室中的危险源

1. 幼儿爬床头、爬窗台

【案例1】2012年6月13日晚上11:30,在深圳福田区东门天下小区内发生一起悲剧,一名3岁的男童从15楼坠落到7楼平台,当场身亡。大量居民在围观,唯独没有看到孩子的父母。大约半小时后,一名自称是孩子小姨的年轻女子跑过来,看到孩子坠楼身亡后就瘫坐在地上嚎啕大哭,大喊没法向孩子的父母交代。原来,孩子一家是15楼的租户,孩子的父母都在外地上班,平日由小姨照顾孩子。13日晚,小姨见孩子睡着了便到楼下去吃宵夜,在此期间,孩子醒来,发现大人不在,便搬来一个板凳爬窗台寻找,结果落到了7楼平台。

2. 幼儿随意开关抽屉

3. 幼儿长时间用被子蒙头

4. 幼儿擅自躲到衣柜中

(二）卧室内危险源的预控管理措施

"安全是人的身心免受外界不利因素影响的存在状态以及保障条件"[50]。幼儿由于年龄较小，自我监督能力较差，自我保护能力也不够，所以在家庭中家长是幼儿的主要监护人，家长对幼儿的安全应承担起主要的责任。在卧室中家长应做到的相应预控管理措施有：

家长应教育引导幼儿不得爬床头、爬窗台，可以通过看视频、讲故事、情景模拟等方法，让孩子认识到此种行为的严重性，从而能够更好的让孩子健康成长；同时家长应加强对孩子的日常生活监督及护理，发现孩子在做出危险行为时，应及时制止。

家具的布局要合理，对于放置有危险物品的抽屉，家长应上锁，避免幼儿随意打开。家长也应引导幼儿不得随意翻看家中的各种柜子、抽屉等，避免夹伤自己。

家长应教导幼儿不得在被子、柜子等密闭的空间中玩耍，发现这种状况时应及时制止，避免幼儿将自己锁在密闭空间或密闭房间内而造成意外。

家长应尽可能不留幼儿独自在家，还应让幼儿尽可能时时都在自己的视线范围内，防止发生意外；家长发现幼儿存在各类不安全行为时应及时制止并进行教育，以免带来严重后果。

二、客厅

客厅也叫起居室，是主人与客人会面的地方，也是家庭成员开展日常活动时间最长的地方，幼儿可以在这里玩耍、看电视。同时客厅中还有很多家庭生活设施的摆放，幼儿也可以在客厅里接触到生活中各式各样的东西，因此在娱乐的同时也可能会给孩子带来一些伤害。

（一）客厅中的危险源

1. 幼儿把玩小刀、牙签等尖锐物

【案例2】威海某报10月6日讯，因玩腻了汽车、机器人等玩具，威海一4岁男童对饭桌上的一盒牙签起了兴趣，偷偷拿了牙签上床玩。孩子用拿来的几十根牙签摆成了一个房子图案后，很是高兴，所以跳起来欢呼着炫耀。在跳的过程中，席梦思软垫上的牙签逐渐滚到孩子落脚处，一根滚动的6厘米长的牙签扎进孩子的左脚,外面只剩下了不到3厘米。据医生反映,幸亏不是扎进了脚心,经过紧急处置,牙签被成功取出,男童脱险。

2. 幼儿推门时手放门缝里
3. 幼儿在房间中横冲直撞
4. 幼儿过分逗引猫、狗等宠物
5. 幼儿模仿动画片内的危险动作
6. 幼儿把玩鱼缸等易碎品
7. 幼儿随意开启家用电器
8. 幼儿把玩电线与插座
9. 幼儿随意把玩饮水机
10. 幼儿乱吃零食、暴饮暴食、挑食
11. 幼儿误食药品

【案例3】王女士说,自己的儿子乐乐已经2岁多了,平日里肠胃很好,就在前段时间,乐乐有点拉肚子,一开始王女士没有在意,以为是孩子晚上睡觉肚子着凉了,就给孩子去门诊拿了点口服补液盐和止泻药,可一连吃了两天还不见好转。

王女士只好带着乐乐去了人民医院做检查,经过化验大便,乐乐属于菌药腹泻,应该是吃了某种抗生素而导致的腹泻。"我以为是门诊开的药有问题,就拿药给大夫看,大夫表示药没有问题。"王女士说,医生又给孩子开了思密达等药物。

"昨天中午我给孩子做完饭准备喂饭的时候,看见乐乐从电视旁的药箱里拿出一板头孢克肟咀嚼片,用手抠出一片就要往嘴里塞,幸好被我给制止了。"王女士当时就问儿子为什么要吃这个,乐乐说糖好吃。

后来王女士拿着药去药店问了问,药店工作人员表示,头孢克肟咀嚼片有一股甜味,孩子很可能拿来当糖吃,这种药容易造成肠道菌群失调,从而引起腹泻,这时王女士才知道儿子是误服了药片导致的腹泻。对此王女士很是后悔,表示自己没有把药物放好。

12. 幼儿捡食掉在地上的物品
13. 幼儿私自开关或玩弄家用电器
14. 幼儿长时间看电视、电脑等电子产品
15. 幼儿独自拿取够不着的物品

（二）客厅危险源的预控管理措施

美国玩具安全标准提出："模塑玩具的可触及边、角或模子接口处应无毛刺和溢料产生的危险边缘，或者应被保护使危险边缘不外露"[55]。家长应选择符合安全标准的玩具；应对客厅里的布置（如尖锐的桌角、餐边柜、鞋柜等物品的摆设）进行合理调整，避免幼儿行走、奔跑过程中发生碰撞等。

家长应注意自家宠物的清洁，包括给宠物洗澡、梳洗宠物体毛、整修宠物爪子、给宠物打预防针、勤打扫宠物睡卧的小屋，以免宠物的细菌或寄生虫殃及幼儿，家长不要在宠物面前给幼儿喂食，容易引起宠物抢食，有被袭击的危险。

家长应加强对幼儿的监管和看护，时刻注意幼儿动向，发现幼儿在湿滑地面玩耍或发现地面上有垃圾时，要及时进行制止、教育，并及时将地面清理干净，保证幼儿玩耍时不存在任何不安全因素。

家长应将小刀、剪刀等具有危险性的物品放置在幼儿触摸不到的地方，对于打碎的物品家长应及时进行妥善处理，避免残碎片划伤幼儿；同时家长应教育幼儿不得玩弄小刀、剪刀等尖锐物品；家长应告知幼儿正确的推门方法，避免幼儿错误使用导致手被夹伤，告知幼儿不得把玩门窗等物品，尤其是不得与多名小朋友一起玩耍。家长应教育幼儿不要在房间里随意乱跑，避免撞伤自己或是打坏物品，并经常进行提醒和警告。

家长应对幼儿喜欢的动画片进行筛选，发现存在不适合幼儿观看的动画片时应及时制止，引导幼儿观看适合其年龄的节目，家长应针对动画片中的危险动作等，对幼儿进行安全教育，告知其可能带来的危险，并引导幼儿不得模仿，并且家长应加强看护，发现幼儿模仿动画片内的危险动作应及时制止。

家长应随时检查家中的电源，防止幼儿触电等不安全事故发生。同时，家长应要求幼儿不得擅自接触家中任何开关；不得不留幼儿独自在家时，家长一定要切断电源。家长应该对幼儿进行防触电教育，告诉幼儿不得随便玩电器，不拉电线，不用剪刀剪电线，不用小刀刻划电线，不将钥匙等插到电源插座里；家长还需告诉幼儿一旦发生触电事故，不能伸手去拉触电的孩子，而应及时切断电源，或者用干燥的竹竿等不导电的东西挑开电线；家长应教育幼儿不得随意开关、玩弄家用电器；家长应加强对幼儿的监管和看护，时刻注意幼儿动向，发现幼儿有私自开关或玩弄家用电器行为时,应及时制止、教育。

　　家长应严格检查幼儿食用的零食,不得让幼儿私自购买或食用街头小贩处出售的零食;家长应对幼儿进行饮食安全教育,告诫幼儿不得暴饮暴食,不得食用腐烂变质的食品;家长应告诉幼儿掉在地上的东西不可放在嘴里,告诉其可能会带来的不良后果。

　　家长应加强自身的安全意识,将家中的药品妥善保管,严防幼儿接触;家长应告诉幼儿在生病或者不舒服的时候需要向家长说明,并在家长的指导下服药,不得随意接触药品或服药;家长应遵照医嘱对患病幼儿进行定量喂药,准确掌握药品的服用剂量、时间和方式等,确保幼儿不漏服、不重服、不错服,观察幼儿服药前后的反应,同时做好观察记录,若发现幼儿出现异常状况,应及时送医院就医。家长应加强对幼儿的监管和看护,时刻注意幼儿的动向,发现幼儿接触药品时应及时制止并教育。

　　家长应告诉幼儿不得进入冰箱、冰柜内玩耍;家长应告诉幼儿不能把木棍或手指等细小的东西插入正在转动的电扇中,以防发生搅伤或触电现象。如若幼儿想要拿取某一够不着的物品时,家长应及时进行帮助,避免幼儿擅自拿取;如若幼儿所想拿取的物品具有危险性,不适合幼儿玩耍,家长应及时制止,将物品收放至幼儿看不到的地方,并将幼儿的注意力转移到其他地方。

　　家长不得留幼儿独自在家,家长外出时,应将幼儿交给可靠人员看护;家长应教育幼儿不得给他人随意开门,不随意与陌生人交谈,不吃陌生人给的东西,不跟陌生人离开。

三、厨房

　　厨房,是指可在内准备食物并进行烹饪的房间,一个现代化的厨房通常包括炉具(瓦斯炉、电炉、微波炉或烤箱)、流理台(洗碗槽或是洗碗机)及储存食物的设备(冰箱),通常来说只有家长在厨房进行相应的活动,但是有时由于特殊原因幼儿也会进入厨房,因此家长需要注意各种各样的厨房设施对于幼儿来说可能存在的危险。

(一)厨房中的危险源
　　1. 厨房内的火、电、天然气以及刀具厨具等位置不合理

2. 幼儿在厨房打闹玩耍

3. 消毒剂等位置不合理

4. 开水等热源管理不善

【案例4】2006年6月26日早上7:00左右,山东省临沂市莒南县皓迪的妈妈边照顾一岁多的小皓迪,边用煤炭炉煮面。做熟以后,她想去叫正在上小学二年级的长女吃饭,就将皓迪放在了自行车后座儿童的座位上,当时面条锅就放在距离自行车1.5米的地上。正当她转身准备开门的一瞬间悲剧发生了,车子倒下了,小皓迪头朝下栽到了锅里。

(二)厨房危险源的预控管理措施

1. 在使用热水方面

首先家长应保证烧水壶、开水瓶等热源质量的完好性,避免容器不完整伤害到幼儿;其次烧水壶、开水瓶应放置在幼儿够不到的位置,避免幼儿不小心碰到而造成伤害;最后,家长应教育幼儿不自己使用电水壶、煤球炉、煤气罐烧开水,不要让幼儿去倒开水、洗澡水,家长在让幼儿喝水、吃饭时应先用手背试试水杯、餐具的温度,等温度合适时再让幼儿食用;家长为幼儿洗澡要先倒凉水,再兑热水。

2. 在锅碗、刀具及化学试剂方面

家长应把刀具、碗、盘子等可能伤害到幼儿的物品放置在幼儿接触不到的地方,避免幼儿把玩,家长一旦发现幼儿进入厨房并把玩相关物品时,要及时制止或进行相应的教育。

家长要将洗洁精、消毒剂、洗衣粉、洗衣液等相关化学试剂妥善放置,并引导幼儿不去接触此类物品,并适度地告诉幼儿这些物品如果饮用会对身体造成的伤害,家长一旦发现幼儿把玩这些物品时要及时制止并进行教育。

3. 炉灶、消毒柜、烤箱等厨房电器

"炉灶、消毒柜、烤箱等厨房电器应选择带有童锁等安全保护设置的,并且最好是隐藏式的拉手设计,如果是普通燃气灶,则可以在外面加个保护挡板,以免宝宝乱动发生危险。"[52] "在选择橱柜时要尽量避免使用不锈钢等坚硬的材质和直棱直角的设计,台面最好用亚克力人造石的,并且边角处打磨得圆滑一些,门板上加个固定条可以防止宝宝乱开门。"[52]

家长应尽量避免幼儿在无人看管的情况下在厨房玩耍,如若不得已幼儿在厨房玩耍时,家长应对处于厨房的幼儿多加关注,当发现幼儿存在不安全行为时应及时制止和教育,家长应对幼儿进行安全知识的教育,告知幼儿在厨房打闹、玩耍可能带来磕碰伤,避免幼儿发生意外。

四、浴室

浴室,指供洗澡的房间,在家庭中通常将卫生间与浴室设置在一起,因此浴室也是幼儿盥洗的地方,在浴室中因为水较多,幼儿本身就喜欢玩水,但是幼儿自我保护能力较差,因此在浴室中隐藏着很多危险因素。

(一)浴室中的危险源

1. 幼儿玩水
2. 幼儿在充气泳池中玩耍

【案例5】2014年8月18日下午3点多,灿灿像往常一样,脖子上戴着游泳圈在泳池里扑腾,马女士就在一旁陪着。没一会儿,她的手机响了,电话那头是单位的同事,找她有点事。当时家里也没有其他人,马女士嘱咐灿灿自己注意安全,便去了书房,找了个安静的环境继续接电话。过了十来分钟,她隐隐约约听到露台上传来孩子的哭声,赶紧跑出去一看,游泳圈竟然松了,失去保护的灿灿在水中拼命挣扎,脸色苍白,呛了好几口水。马女士赶紧把孩子抱了上来,然后拍他的背,让他把水吐出来。可到了晚上,灿灿的情况变得不妙起来,浑身发烫,咳嗽。送到医院一检查,孩子得了吸入性肺炎,要治疗一周左右才能康复。

3. 剃须刀、剪刀等位置不合理
4. 地面湿滑有积水
5. 洗手间的马桶盖没有盖好

(二)浴室危险源的预控管理措施

家长应当购买适合孩子使用的浴盆、充气泳池,并做好日常的保养与检修。

家长应将剃须刀、剪刀等危险性较高的器具放置在柜子或抽屉里,使用完后应及时收起来,使幼儿不能随意接触,避免幼儿把玩伤到自己。

家长应在每次用完马桶后将盖盖好,以防孩子翻入其中。

浴室的地板应该选择防滑瓷砖,在浴室门口、浴盆、浴缸附近可铺上橡胶地板,避免宝宝滑倒而受伤。每次使用浴室后,家长应及时进行拖地等清洁工作,避免地面积水等情况发生。为宝宝选防滑底的鞋(鞋底有橡胶小颗粒),也可在地上贴止滑条。宝宝的浴盆里要加防滑垫,浴盆旁要有安全把手,让宝宝在站起、坐下时有可以借助的东西。

卫生间的台子边缘如果是直角,要加装圆弧角形的防护棉垫,以免宝宝滑倒时受伤。

家长应对幼儿进行安全知识的教育,除盥洗、如厕外家长应尽可能避免幼儿到浴室,家长应教育幼儿不得随意在马桶旁玩耍,以防不小心翻入其中,发生溺水现象。

幼儿应在专用洗澡盆中玩水或洗澡,且家长应从旁进行看护,避免留幼儿一人待在浴室的情况发生。

家长不得留幼儿一人在充气泳池内玩耍,应从旁进行看护,如发现危险行为应及时制止。

五、阳台

阳台是一种从楼体外壁突出,由圆柱或托架支撑的平台,其边沿安装护栏或玻璃,以防物件和人落出平台范围,是建筑物的延伸。阳台阳光充足,光线较好,而且可以看到外面的风景,因此幼儿特别喜爱在这个区域玩耍。由于阳台濒临外面,有窗户、栏杆,幼儿容易在此处张望,而且有时家长也会将一些桌椅放在阳台,便于喝茶、下棋、聊天,而这些桌椅作为凭借,又增加了幼儿在阳台上的危险性。

(一)阳台中的危险源

1. 幼儿在阳台打闹
2. 幼儿攀爬阳台
3. 阳台未设防护设施或防护栏间隔较大

【案例6】2013 年 12 日上午 10 点半左右,内江市威远县舒馨家园 2 号楼 1 单元 8 楼一住户家中,一个一岁零八个月的幼儿突然从楼层阳台上掉落下来,后送往医院,经抢救无效死亡。

孩子为什么会从八层高的楼上掉落?小区住户向记者指出了孩子的坠楼处,记者发现,该层楼房的阳台上并没有防护栏,而周围楼房住房阳台都安有防护栏。

据小区住户李女士介绍,该层楼房主在装修房屋时,将阳台上原本安装有的防护栏给拆掉了,之后在阳台上安装了落地推拉玻璃门。

"推拉门在没有上锁的情况下很容易被拉开。"李女士说,"当时可能就是孩子母亲将孩子放在阳台上,自己一时没注意,孩子爬啊爬的,推拉门没锁,孩子把门推开,然后掉了下来。"

4. 幼儿擅自躲到衣柜中

(二)阳台危险源预控管理措施

1. 阳台的布局要科学合理

阳台护栏的高度及间隙距离应足够安全,"栏杆应以坚固、耐久的材料制作,并能承受荷载规范规定的水平荷载;临空高度在 24 米以下时,栏杆高度不应低于 1.05 米,临空高度在 24 米及 24 米以上(包括中高层住宅)时,栏杆高度不应低于 1.10 米(栏杆高度应从楼地面或屋面至栏杆扶手顶面垂直高度计算,如底部有宽度大于或等于 0.22 米,且高度低于或等于 0.45 米的可踏部位,应从可踏部位顶面起计算);栏杆离楼面或屋面 0.10 米高度内不宜留空;住宅、托儿所、幼儿园、中小学及少年儿童专用活动场所的栏杆必须采用防止少年儿童攀登的构造,当采用垂直杆件做栏杆时,其杆件净距不应大于 0.11 米;文化娱乐建筑、商业服务建筑、体育建筑、园林景观建筑等允许少年儿童进入活动的场所,当采用垂直杆件做栏杆时,其杆件净距也不应大于 0.11 米。"[53]

2. 家长不得在阳台上放置桌椅、板凳等物品,以防幼儿攀爬

家长不得在阳台上放置桌椅、板凳等物品,以防幼儿攀爬,一旦发现幼儿自己搬动板凳去阳台时,家长要及时制止并教育。

3. 家长应加强幼儿的教育

家长尽可能避免幼儿靠近阳台,不得出现多名幼儿在靠近阳台的位置玩耍、嬉闹,尤其要严禁幼儿攀爬阳台护栏,甚至探身向外;幼儿一旦靠近阳台,家长应立即进行严格看护,并尽快将幼儿带离。家长应对幼儿加强看护,不得留幼儿独自在阳台,避免幼儿趁家长不注意攀爬阳台或钻入缝隙而带来意外。

室外篇

幼儿天生活泼好动,生活空间范围很大,除了家庭之外,更大的范围是在室外。家庭之外的活动,一方面拓展了幼儿的生活空间,开拓幼儿的视野,满足儿童的生存需求,促进幼儿的发展;但另一方面幼儿在室外活动时,也面临着众多的危险源,出于幼儿安全方面的考虑,我们要注意这些室外的危险源。本部分重点描述幼儿在室外的常见危险源以及应对这些危险源可采取的管理措施。本书主要选择了幼儿日常室外活动时接触最频繁的六个场所来描述即:交通、公园、商场、郊外、海边以及小区。

一、交通安全

带领幼儿外出时,交通是必不可少的部分。交通安全是指人们在道路上进行活动、玩耍时,要按照交通法规的规定,安全地行车、走路,避免发生人身伤亡或财物损失。幼儿在出行时可能遇到的交通安全问题主要包括行走时的安全、骑车时的安全以及乘车时的安全等。

(一)交通出行的危险源

涉及幼儿的出行交通危险源主要可分为三方面,即行走危险源、骑车危险源和乘车危险源。

1. 行走危险源

(1)横穿路口或马路、闯红灯

一些幼儿好奇心强,比较调皮,又缺乏安全意识,会认为横穿马路是好玩儿的游戏,若监护人疏于监督管理,幼儿擅自横穿马路或闯红灯将是一个极大的安全隐患。

【案例1】五岁的浩浩周末在马路边玩耍,玩了一会他决定横穿马路到对面玩耍,此时正是交通高峰期,马路上来往的车辆较多,当他横穿马路时恰巧被一辆来不及避让的车辆给撞倒在地,幸好驾驶员及时采取有效措施,并未造成浩浩严重受伤。

（2）未走人行道、过街天桥，走在机动车道

（3）在路上追逐、奔跑或在马路上踢球、玩游戏等

（4）攀爬路边或路中的护栏、隔离栏

（5）扒车、追车、强行拦车等

横穿路口或马路、闯红灯，未走人行道、过街天桥，走在机动车道以及在路上追逐、奔跑或在马路上踢球、玩游戏等这些危险行为都极易导致交通事故。攀爬路边或路中的护栏、隔离栏，扒车、追车、强行拦车等这些危险行为容易导致幼儿摔伤或是引发交通事故。

2. 骑车危险源

幼儿年龄还小，骑车技术不够熟练，加之道路上交通状况复杂，若让独自骑自行车上路很容易引发交通事故。

3. 乘车危险源

（1）在公共汽车上打闹

（2）公共汽车上将头、手伸出窗外

（3）幼儿乘坐小汽车时坐副驾驶座

【案例2】2014年12月31日早晨，一辆小型客车在杭州市西湖南山路由南向北行驶至西湖博物馆门口附近时，车辆发生侧滑后进入对向车道。事故造成驾驶员和副驾驶座乘客一个5岁的小女孩受伤，车辆损坏。据悉，事故发生后小女孩因伤昏迷，救援人员将她从客车中解救出来后送医救治，不幸因伤势过重去世。儿童坐在副驾驶座位置，遇到紧急刹车，孩子很容易因惯性撞向前方，甚至撞碎挡风玻璃，飞出驾驶室，或被安全气囊砸中，被家长庞大的身躯压伤等等。因此在日常乘车中，幼儿不能坐在副驾驶位置，而是乘坐固定在车后排的儿童安全座椅。

（4）幼儿乘坐地铁时站在黄线以内等车

（5）幼儿在站台上打闹

（6）趴或靠在护栏、护网、安全门上

在公共汽车上、站台上打闹玩耍，车辆一旦摇晃就会致使幼儿摔伤或发生碰撞等受伤；公共汽车上幼儿将头、手伸出窗外易被窗外物品刮伤；幼儿乘坐地铁时站在黄线以内等车以及趴或靠在护栏、护网、安全门上等行为都易导致幼儿受伤。

(二)交通出行中危险源的预控管理措施

儿童的交通安全是家长和教师尤为关心的方面,它是一个长期而艰巨的工作,需要全社会共同的努力。要提高幼儿交通安全指数,我们可以从以几个方面来努力:

1. 时刻关注幼儿动向

外出时,家长应时时关注幼儿的动向,当发现幼儿横穿马路,闯红灯,在马路上追逐打闹,追车,强行拦车,将头、手伸出车窗外,行车中摆弄车门锁等危险动作时,家长要及时制止,并对其进行安全教育,提高儿童安全意识,禁止幼儿独自骑车上路。家长带孩子出行时应提高安全意识,一心不能二用,行走时牵着孩子的手,让孩子走在内侧。

2. 教育幼儿,提高幼儿的交通安全意识

家长和教师在日常的生活学习中可通过讲故事、做游戏、唱儿歌等幼儿易于接受的方式,经常性地对幼儿进行安全教育,提高幼儿的交通安全意识。具体可以采取如下措施:

(1)幼儿园

幼儿园应请交通安全方面的专业人员(如交警、交通安全专家等)到幼儿园或者到指定地点给儿童讲授有关交通安全的专业知识,提醒幼儿在日常生活中应注意的交通事项,并当场进行简单的交通安全知识考核。

(2)教师

教师应在日常的活动安排中不断渗透交通安全意识,安排交通安全相关的活动主题,通过制作交通安全主题墙、学唱交通安全儿歌等形式教给幼儿交通安全知识,提高交通安全意识,让幼儿理解交通规则的重要意义,认识常见的交通标志,养成自觉遵守交通规则的好习惯[54]。

(3)幼儿和家长

幼儿和家长都要熟记交通安全顺口溜,时时刻刻注意交通安全。如:交通安全很重要,交通规则要记牢;从小习惯要养好,不在路上疯打闹;行走应走人行道,没有行道往右靠;天桥地道横行道,横穿马路离不了;一慢二看三通过,莫与车辆去抢道;骑车更要守规则,不能心急闯红灯。乘车安全要注意,遵守秩序要排队;手头不能伸窗外,扶紧把手莫忘记[55]。

3. 家长以身作则,树立好榜样

家长开车或乘车时尽量避免超速行驶、占道行驶、无证驾驶、酒后驾驶、疲劳驾驶、低龄驾驶等危险驾驶情况;带幼儿坐车时尽量乘坐驾驶技术娴熟、身体状况良好的司机驾驶的车辆。

其次,家长自身应该遵守交通安全法规,文明出行,不闯红灯,不跨越栅栏,以身作则,树立好榜样。

二、公园安全

公园是供公众游览、观赏、休憩、开展科学文化及锻炼身体等活动的场所,是有较完善的设施和良好的绿化环境的公共场地。公园中的优美环境、游乐设施等吸引着幼儿经常性的光顾,但与此同时,幼儿在公园中休闲、玩耍时也会存在着一些不安全的因素。

(一)公园中的危险源

1. 游戏内容不安全

幼儿在公园中玩耍的具有危险性的游戏内容包括:携带或玩弄锐利器具;幼儿无人看护时,从高处往下跳或低处往上蹦,爬树、爬墙或边吃边跑等。这些危险行为都会导致幼儿摔伤、磕伤、划伤。

2. 玩耍器具不安全

(1)幼儿拿棍子当玩具玩

(2)幼儿把细小的物品放嘴里

(3)幼儿独自在充气球中玩耍或玩耍时间过长

(4)气垫床未固定到地面

(5)幼儿没有安稳坐在公园小火车上,未系安全带

这些不安全的行为极容易导致幼儿坠落、摔伤、窒息等伤害事故的发生,需要家长特别注意。

3. 逗引没有主人的小动物

幼儿好奇心强,喜欢逗引小动物。动物自身具有潜在的攻击性,幼儿在逗玩动物,特别是逗引没有主人的小动物时很容易被动物咬伤。

【案例3】2015年11月11日上午9时许,年仅3岁零4个月的小斐跟奶奶在公园里玩耍时,见到一只小狗。小斐很喜欢小狗,就去逗玩它,玩了一会突然被狗咬断左手的小指。随后,小斐被送到医院治疗。由于

该院没有预防狂犬病的疫苗,主治医生黄医生立即驾车将小斐送到疾病预防控制中心接种预防狂犬病疫苗。随后,黄医生把小斐接回医院。经诊断,小斐左小指离断伤。当天下午4时45分,医生为其做小手指做再植手术。

4. 独自靠近水源

(1) 幼儿私自跑到河边玩耍

(2) 幼儿在湖边打闹导致跌落水中,溺水身亡等

幼儿靠近水源玩耍时最大的安全隐患就是失足落水。

【案例4】2013年7月的一天下午4时许,南沙区一名6岁男孩在离家不远的公园中的人工湖边独自玩耍时,不慎掉入河中,一小时后被打捞起来时,他已停止了呼吸。幼儿独自在河边、湖边玩耍时没有足够的安全防御能力,一不小心就会掉入水中,生命安全就会受到威胁。

(二) 公园危险源的预控管理措施

幼儿自身缺乏安全意识,对于在公园玩耍时存在的安全隐患没有防御能力。因此,家长切不可掉以轻心。管控预防幼儿在公园中的不安全因素,可以从以下几方面入手:

1. 家长增强安全意识

幼儿在公园玩耍时,家长或其他监护人应时刻陪伴在身边,关注幼儿的动作,发现幼儿在玩弄危险物品、细小物品、锐利器具时应及时制止和教育。

家长带幼儿去公园时应给孩子穿上颜色鲜艳的衣服,或佩戴显眼的标志,如带有家长信息的名牌等。

2. 对幼儿进行安全教育

在日常生活中,家长应通过讲故事、做游戏、唱儿歌等幼儿易于接受的方式,引导幼儿不玩锋利的刀具,不将细小物品放入嘴中,不随意爬树、爬墙,不边吃边跑,通过教育培养幼儿良好的行为习惯。家长应教育幼儿不要随意逗玩小动物,特别是逗玩没有主人的动物。家长发现幼儿独自靠近动物,并试图逗玩小动物时,要立即制止,并对幼儿进行安全教育[56]。

3. 查看玩耍器具安全性

家长让幼儿玩耍游乐设施之前应先查看设备是否安全。玩耍前家长应帮助幼儿做好安全防护,并提醒其需要注意的安全事项。幼儿玩耍游乐设施时家长要在旁边看护,一旦发生意外及时处理[57]。

三、商场安全

商场是人们日常生活购物的地方之一,幼儿也会经常跟随家长出现在商场这样的公共场所中。幼儿在商场中遇见的不安全因素主要来源于行走时、乘坐电梯时以及购物时三方面。

(一)商场中的危险源

幼儿在商场中可能存在的不安全因素主要从行走时、乘坐电梯时以及购物时这几方面来说。

1. 行走中的不安全因素

(1)幼儿在商场玩捉迷藏

(2)幼儿独自乱走未紧跟家长

【案例5】安徽网讯,2014年10月8日下午3时许,六安市皖商都旁一个八岁的儿童跟家人去商场的路上与家人走散,后被保安送至六安交警大队岗亭处理。据了解,送孩子的保安称小男孩所提供的家人电话有误。民警询问男孩后得知,儿童是与家人在商城内的一个饮食店里走散的,民警一边安排人在快餐店周边走访,一边稳定孩子的情绪,小男孩情绪稳定之后终于说出了一个正确的号码,遂与其家人取得联系。当家人见到孩子时相拥而泣。民警随后还对儿童家长讲解了如何预防在人流量较大的地段儿童走失的相关知识。

(3)幼儿接受陌生人的东西

商场面积大,人员繁杂,使幼儿在商场中容易发生迷路、走失,面临被拐骗等危险。

2. 乘坐电梯时的危险源

(1)幼儿在电梯运行过程中玩耍、蹦跳、跑动

【案例6】2012年2月18日傍晚5点20分左右,在苏州工业园区某

商场内发生了一起惨剧。3岁的小男孩文文在自动扶梯上玩耍时,衣服被电梯底部卡住,继而致其发生窒息,送至医院抢救无效身亡。电梯维修人员说,当时电梯是在正常工作:"电梯都是正常工作的,可能小孩在玩耍的时候摔倒了,然后卡住了。正是由于小男孩在乘坐电梯时没有遵守乘坐规则,在乘坐过程中玩耍、跌倒才致使该惨剧的发生。"幼儿在乘坐电梯时玩耍、蹦跳、打闹都是非常危险的,存在很大安全隐患,监护人一定要注意幼儿的这些行为,及时制止,避免惨剧的发生。

(2)乘坐手扶电梯时家长让幼儿坐在婴儿车中

(3)幼儿反方向乘坐电梯

幼儿在乘坐电梯时的这些行为极易导致其从电梯上摔下来或是被电梯夹住。

3. 购物时可能存在的危险源

(1)幼儿擅自从货架上取东西

(2)幼儿擅自将商场里的物品放入嘴中

(3)家长到柜台交费时未拉紧幼儿,幼儿独自离开

幼儿擅自从货架上取东西可能导致幼儿被掉落的物品砸伤或被侧翻的货架砸伤;擅自将商场里的物品放入嘴中容易出现幼儿被呛住或吞食有毒物品导致中毒等状况;家长到柜台交费时未拉紧幼儿,幼儿独自离开易导致幼儿迷路甚至或丢失。

(二)商场危险源的预控管理措施

对幼儿在商场活动时可能存在的危险因素进行安全预控,可以采取以下措施:

1. 家长时时关注幼儿动向

家长应该时时关注幼儿动向,看紧幼儿,时刻让幼儿在自己的视线范围内,发现幼儿独自乱跑时要马上追上并进行教育。在逛商场过程中家长要时刻关注幼儿需要,及时满足,防止幼儿随意将物品放入嘴中,自己拿货架上的物品。

2. 对幼儿进行安全教育

家长要经常用唱儿歌、讲故事、做游戏等幼儿易于接受的方式教给幼儿在商场中的安全知识。如:紧跟父母,不乱跑;文明乘坐电梯,不在电梯里蹦跳;不反方向乘坐电梯;不接受陌生人的东西,不轻信陌生人的话,不

跟陌生人走,不让陌生人触碰自己的身体等。要让幼儿掌握基本的自救安全常识。如跟家人走散了,可以拨打110向警察、门口的保安人员求救或站在原地不动,等待家人,记住自己家庭地址和电话等提高幼儿的自我保护意识[58]。

3. 家长做好安全榜样

家长自身要做好安全榜样,乘坐扶梯时应将孩子抱起来而非放入婴儿车中,遵守乘梯秩序,不拥挤等。

四、郊外安全

郊外是指城市外面且靠近城市边缘的区域。郊外一般居住人数较少,相对较荒凉,郊外的自然环境虽有益于幼儿的身体健康,但是因为地理位置相对较偏僻,对幼儿来说也存在着较多的安全隐患。

(一)郊外的危险源

1. 玩耍地带

(1)幼儿独自到黑暗偏僻地方玩耍

(2)幼儿在深草丛中玩耍

(3)幼儿在山崖边玩耍

幼儿到这些危险的地带玩耍时易出现碰伤、摔伤、咬伤、跌落悬崖等危险状况。

2. 游戏内容

(1)幼儿戳或是砸蜂窝、鸟窝

(2)幼儿随便食用野果或野蘑菇等

【案例7】据央视报道,2014年9月,四川宜宾的5个幼儿在家人不知情的情况下,到野外捡拾野蘑菇食用,野蘑菇有毒,幼儿吃后发生食物中毒,由于蘑菇毒性大,虽然及时进行抢救但是最终还是造成三死两伤的悲剧。

(3)幼儿玩火、玩水、独自玩烟花爆竹

【案例8】心怡(化名)受伤前是一个非常漂亮的小女孩,可现在脸上满是焦黑的伤疤。心怡父亲介绍,假期期间,他给女儿买了几把可以用手拿着放的只有竹签细的烟花棒。心怡不小心引燃了左手拿的一大把,惊吓中把点燃的烟花撞到了脸上。事发时,心怡父母离她只有几步的距离,但依然没来得及阻止意外的发生。家长切勿让幼儿独自燃放烟花爆竹,应守在幼儿身边并指导幼儿按规范操作。

幼儿戳或是砸蜂窝、鸟窝容易导致被蜜蜂蜇伤,被鸟啄伤等状况;随便食用野果或野蘑菇等会出现中毒现象;幼儿玩火、玩水,独自玩烟花爆竹易发生火灾、烧伤、溺水等事故。

(二)郊外危险源的预控管理措施

儿童年龄尚小,且喜欢玩耍,好奇心重,郊外的宽广空间给幼儿提供了良好的玩耍条件,但同时也存在无法忽视的安全问题,郊外的危险源的预控措施主要有以下几点:

1. 家长时时关注幼儿的位置及动作

家长应时时关注幼儿的位置及动作,发现幼儿在危险地段玩耍以及玩耍危险物品,如玩火、玩深水等时应及时教育和引导。

2. 对幼儿进行安全教育

家长要告诫幼儿不得独自到黑暗偏僻的地带、深草丛中、山崖边玩耍,避免因地况不明、环境不熟悉等带来的被蚊虫叮咬、动物袭击、坠崖等意外事故的发生。家长要教育幼儿不擅自采摘树上的野果、草地上的野蘑菇等,更不擅自食用采摘的野果、野蘑菇。家长要告诉幼儿不靠近树上的蜂窝、鸟窝以免被蜇伤、啄伤,更不能用树枝、木块、石块等试图戳、砸蜂窝、鸟窝等。家长要告诉幼儿不独自在郊外的小河小湖边玩耍,防止失足掉落,发现幼儿想要靠近火源或水源时,应及时教育和引导幼儿移至安全地带;幼儿应在家长的陪伴下玩水,玩火[59]。

五、海边安全

海边是幼儿日常游玩时常去的地方。一方面海边为幼儿提供了一个良好的玩耍场所,另一方面对幼儿来说海边也存在着一些安全隐患。然而幼儿年龄小,缺乏安全意识,要保证幼儿在海边的安全,预控海边的不安全因素,还需家长多多努力。

（一）海边的危险源

1. 幼儿独自或和同伴在浅海地带追逐打闹

【案例9】2014年7月14日午12时48分，嘉兴市有两名小孩在海边玩耍时，不慎被冲到海中。消防站接警后，立即出动1车7人赶赴事故现场。所幸救援及时，两名落海儿童被当地消防和民众及时救了上来。

"我看到的时候这两个小孩已经掉下去了，一个老人在救，现在一个小孩已经救上来了。"一个目击者介绍。参与救援的老人已经力竭，救援人员把他打捞上岸，老人已经脸色发白，呼吸微弱，现场医护人员迅速将其抬至120救护车担架上，送往医院救治。据了解，两个孩子原本是在水边玩耍，但海边风浪较大，不知不觉就被海水冲离了岸边，幸好两个孩子略懂水性，又有好心路人帮忙相救，否则后果不堪设想。

2. 幼儿不带游泳圈游泳或下水前未穿救生衣

3. 幼儿随意翻找石头

幼儿在海边追逐打闹，以及未带游泳设施下水极易导致溺水、落水等情况。在海边随意翻找石头会出现被石头下的螃蟹夹伤等危险。

（二）海边危险源的预控管理措施

海边是幼儿较容易出现意外事故的地带，幼儿在海边玩耍时需要监护人更多的照看。海边不安全因素的风险预控措施主要有：

在海边玩耍时，家长应时时关注幼儿的位置及行为，陪伴在孩子身边。发现幼儿独自或结伴靠近深海，在浅海地带追逐打闹时应立即制止并带离。在阴雨、刮风、寒冷天气，尽量避免带孩子到海边玩耍。家长应通过讲故事、做游戏、唱儿歌等幼儿易于接受的方式，告诫幼儿不得随意翻找石头以防止被夹伤。幼儿游泳时必须带游泳圈或穿救生衣后才能在海里玩耍，即使幼儿会游泳也必须穿上防护设施。

六、小区安全

小区是指在城市一定区域内建筑的、具有相对独立居住环境的大片居民住宅，配有成套的生活服务设施，如商业网点等。小区是幼儿生活中的重要区域之一。小区的安全设施配备以及安全设备的性能是否良好都与幼儿的安全息息相关。

（一）小区的危险源

1. 因车辆带来的不安全

【案例10】2013年5月在一小区内，一女士抱着1岁的儿子、带着3岁的女孩在小区内散步，突然一辆福克斯在小区道路急速转弯，加速撞向路边的行人，大人被撞，孩子从母亲的手中飞出，孩子和大人均不同程度受伤。

2. 运动器材的不安全

【案例11】2014年7月27日，吴女士带着5岁的儿子到小区里的健身器材区活动，儿子踩在漫步机上玩耍时，荡得太高，重心不稳而摔了下来，来回晃荡的漫步机脚踏一下子砸在了孩子的脸上，送医院后脸部被缝了3针。"幸亏只是皮外伤，要是砸到眼睛就完了，以后再也不让他玩这些健身器材了"，吴女士后怕地说。据了解，近几年来，此类户外健身器材损伤儿童事件屡屡发生，轻则致伤致残。

3. 玩耍地不安全——到偏僻地方玩耍

4. 被陌生人拐骗

小区众多的车辆对幼儿来说是一个安全隐患；运动器材的不安全使用也会发生危险；到偏僻的地方玩耍容易发生被拐骗、丢失等不安全状况。

（二）小区危险源的预控管理措施

小区是幼儿生活的重要场所之一。预控小区中存在的不安全因素更多需要家长和社会的努力。总结来说，小区不安全因素的预控措施主要包括以下几点：

1. 家长和教师方面

家长要教育幼儿不要在社区里随意乱跑乱爬，尽量不要到偏僻的地方玩耍。家长要告诉幼儿运动器材的正确使用方法，教育幼儿在运动器材完全静止时才可以上去玩耍，避免打伤幼儿，幼儿应在家长的监护下进行玩耍；家长发现幼儿错误使用运动器材时要及时纠正，以免幼儿受伤。日常生活中家长要通过讲故事、做游戏、唱儿歌等幼儿易于接受的方式，经常性地对幼儿进行安全教育，告诉幼儿见到车辆要避让，不横穿马路，走路靠右走等，提高幼儿的安全意识。教育幼儿在小区里独自一人时不接受不认识的人给予的物品,不喝陌生人给的饮料,不吃陌生人给的糖果;也不得与陌生人打招呼或说话,更不能跟陌生人走;遇到可疑人员立即跑开或大声呼救。对幼儿进行"防拐骗"演练,查看孩子的防范意识,同时加强对幼儿的防拐骗安全教育。

2. 社区方面

社区活动场地地面保持平整干净,不应有杂物和石子,避免幼儿摔倒造成磕碰伤。社区应定时检修和更换活动器材,保证运动器材完好,避免幼儿玩耍时发生危险。小区应该加强安全防范,严禁非本小区的人员随意进入[60]。

第四章 不安全行为控制

幼儿园的根本在于安全，只有在安全的基础上，才能谈到教育，谈到理念模式，只有安全，孩子们才能开心地在幼儿园成长。由于幼儿年龄较小，自我保护意识淡薄，极易发生意外伤害。如何减少意外伤害的发生提高幼儿的生存质量，已越来越成为家庭、幼儿园乃至整个社会关注的问题。生命的宝贵就在于只有一次，因此作为教育工作者应该提高意识，防微杜渐，明确哪些行为是可能给幼儿带来伤害的行为。本章主要从与幼儿工作息息相关的教师、保育员、保健医生、幼儿、家长五方面来阐述如何控制不安全行为的发生，保护幼儿的身心健康。

一、教师不安全行为分类与控制措施

幼儿园安全工作是幼儿园一切工作顺利展开的前提，是保障幼儿园可持续发展的前提。只有树立科学的安全管理观，抓好安全工作，才能保障在园幼儿的身心健康发展，才能实现各方面的教育目标。

《幼儿园教育指导纲要（试行）》中指出："幼儿园必须把保护幼儿的生命和促进幼儿的健康放在工作的首位。"这指明了安全保护在幼儿园工作中的位置。

幼儿缺乏独立的行为能力，又好奇、好动、喜欢探索，不能预见行为后果，对危险事物不能做出正确判断，面对危险不会保护自己。因此作为和幼儿朝夕相处的教师，必须对幼儿负责，明确存在哪些不安全行为，并加以控制。

(一) 教师不安全行为分类

一般情况下，幼儿自早上进入幼儿园开始，一日之内的生活都在幼儿园之中。其一日的生活和活动，包括很多方面的内容，大致而言，主要涉及晨间游戏活动、入园离园活动、教育活动、饮水活动、如厕活动、进餐活动、午休睡眠、户外活动等。从安全管理的角度而言，我们可以将幼儿在园一日的活动划分为几个不同方面：饮食与卫生方面的不安全行为、教育活动的不安全行为、游戏活动的不安全行为、睡眠管理的不安全行为、造成幼儿心理伤害的行为等。

1. 饮食与卫生的不安全行为

由于幼儿的年龄比较小,其生活自理能力、自控能力、安全意识与自我保护能力都比较薄弱。《幼儿园教育指导纲要(试行)》中明确指出:幼儿园必须把保护幼儿生命和促进幼儿健康放在工作的首位。若教师在饮食环节中出现不安全行为,会带来严重的后果。

【案例1】幼儿园食物中毒

2013年9月19日上午,甘肃省武威市第一幼儿园部分幼儿出现发热、呕吐、肚子痛等症状,截至20日上午11时,该幼儿园的100多名儿童到医院接受了检查治疗,其中59名儿童确诊为明显中毒,留院治疗。截至20日17时,已有260名患儿入院接受治疗,其中244名患儿症状明显减轻,另外16名患儿持续发热,病情较重。武威市人民医院儿科住院部所有床位满员,并有部分孩子转院到凉州区人民医院。经当地卫生部门初步诊断,该事故为食物中毒事件。

上述案例反映的正是由于教师疏忽导致幼儿饮食出现问题的不安全行为,在实际的幼儿园生活中,常见的教师过失等不安全行为还包括有:餐具消毒清洗不当;教师未教导监督幼儿正确洗手;教师未发现幼儿所食餐点的危险,如腐烂变质、三标不全等;教师未清洗消毒幼儿使用的水杯毛巾等;教师未教导幼儿须知的卫生常识等。

2. 教育活动的不安全行为

儿童在幼儿园教育活动的内容是多方面的,孩子在学习过程中必然涉及材料、用具的分配和使用的问题,以及幼儿相互间参与合作的问题等。老师如不加强活动的管理与组织,忽视安全,放松管理,就可能导致幼儿活动安全事故的发生。

在教师教育教学活动中可能会产生不安全的行为主要包括:未对类似纽扣、大头针、别针、图钉等教学用具进行管理,未对幼儿进行活动前的安全教育,准备的教具数量不够,未及时处理幼儿发生的突发事件(如争吵、打架),擅自离岗,未整理教学用具与器材,未发现幼儿用手、脚触摸电线、电源开关等,未合上钢琴盖,未将小物件玩具妥善放置,未检查、清洗玩具,教育监管不到位导致幼儿使用儿童铁锹、小铲子、小锤子等打闹。

3. 游戏活动的不安全行为

游戏是幼儿的主要学习活动方式。从游戏起到的作用来看,游戏可以分为角色游戏、结构游戏、表演游戏、体育游戏、智力游戏、音乐游戏等。

然而不管哪种游戏，无论是室内的还是室外的，都涉及儿童身体运动，有时甚至运动幅度还比较大。如果教师安全意识不高，组织不严，监管不周，随时都可能发生严重的事故。

教师在游戏活动组织中未发现场地不平整、地面有障碍物或尖锐物；未观察天气；未给幼儿增减衣物或检查衣物是否合适及准备擦汗巾；未清点幼儿人数；未对幼儿进行安全教育，未向幼儿讲清楚具体活动的方法技巧及注意事项；未对使用的器械进行安全检查；未进行区域活动材料的安全与卫生检查等这些行为都可能会导致幼儿在游戏过程中产生意外事故。

4. 幼儿睡眠的不安全行为

孩子在园一个重要的任务，就是养成良好生活习惯。其中按时睡眠和确保睡眠秩序就是其中一个重要方面。每个幼儿相互之间有所不同，在家养成的固有习惯不同，因此在睡眠过程中就会有各种各样的情况出现。比如一些幼儿不喜欢睡午觉，一到午觉时间就与其他孩子说说笑笑、打打闹闹，这就会影响其他孩子的睡眠。同时值得教师注意的是，午睡活动还会带来极大的不安全，幼儿在睡眠过程中突发的疾病或是携带含有不安全因素的物品（例如弹珠、发卡等）都可能会引发危险。

【案例2】2013年12月21号，某幼儿园每日午餐后都会组织午睡，可这日午睡后，当教师叫醒所有午睡的小朋友时，却发现有一名幼儿一动不动，当发觉其身体僵硬后，迅速联系了救护车，可是为时已晚，经医院抢救无效后死亡。

以上的案例警示教师在组织幼儿睡眠时应该检查幼儿口袋；检查幼儿口腔内是否有食物残留，是否卸下女孩子佩戴的发卡，是否对床铺进行安全检查，是否对幼儿进行巡视、观察、管理，及时发现幼儿盖被问题；对身体不适的幼儿多加照顾等。只有教师对这些行为的多加留意，才能保证幼儿的安全。

5. 心理安全

幼儿生活环境不良，或受成人不恰当的对待，都会给孩子的心理健康带来危害。在幼儿园中，老师不公平对待孩子，严厉地体罚或惩罚孩子，不让其他小朋友与其一起玩耍，或进行语言上威胁等，会让幼小的孩子产生恐惧心理。这就要求教师不得使用脏话等不文明语言与幼儿讲话，不得对幼儿讲讽刺意味的话，注意自己的言行举止避免不经意的动作对幼儿产生心理伤害，同时还应该树立正确的育儿观，公平对待每一位幼儿。

(二)教师不安全行为的预控管理措施

1. 教师资格准入条件控制

(1)具有学前教育或相关专业大专以上学历,具有幼儿教师资格证

(2)热爱幼教事业,有良好的师德,工作主动,责任心强

(3)有一定的教学实践能力,善于反思,好学上进

(4)待人诚恳,作风正派,有团队精神,肯奉献

(5)身体健康,精力充沛,持有健康证明

2. 教师职业健康管理

(1)幼儿园实行民主管理,采取激励措施调动教师的积极性

荣誉是教师的一种需要,通过评优秀教师、杰出教师、名师,表扬好人好事,舆论宣传等方式,增强教师的荣誉感,使他们在实践中再接再厉,发挥带动作用。实施民主管理往往会产生良性心理效应,幼儿园在建设和改革过程中,在各种规章制度的制订过程中,应广泛征求和尊重教师的意见,使教师能真正体会到自己是幼儿园的主人,激发他们的工作热情。幼儿园领导应树立以教师为本的观念,关心教师的疾苦,尽可能解决教师的实际困难,做深入细致的思想政治工作,以达到以情感人的目的,促使教师将激励和感动内化为教书育人的力量和行动。

(2)建立适宜的工时休假制度,保障教师的合法权益

对于幼儿教师,工作时间就是指在幼儿园中用来完成其所负担的工作任务的时间,即国家法律规定教师在一定的时间(工作日、工作周)内应该劳动的小时数。国家通过立法确定工作时间,保障教师更好地完成教育与保育任务,保证教师的身体健康。教师要有效利用工作时间,不断提高教学效率。休息时间是指幼儿园的教师按国家法律规定免于工作,而由其自行支配的时间。休假制度是为保障幼儿教师休息权而实行的带薪放假休息制度。

因此,在幼儿园中应遵守工作休假制度,充分利用工作时间进行积极的、创造性的教学。但是,应严格限制加班加点。因为加班加点会造成教师过度疲劳,有损教师的身体健康,甚至还会导致事故的发生。因此,为了保护教师的身体健康,保障教师的休息权利,幼儿园应建立适宜的工时休假制度,严格限制加班加点,这样才可以调动教师的工作积极性。

(3)幼儿园应对教师进行定期的健康检查

幼儿园在招聘新教师的时候,应要求教师到符合要求的医院进行全

面的身体检查,身体合格者,持相关健康证明方可入职。对幼儿园所有在职教师应每年组织全面体检一次,发现肝炎或其他传染病者须立即离职治疗。待痊愈后,持县(区)以上医疗保健单位的健康证明方可恢复工作。患慢性痢疾、乙型肝炎表面抗原阳性、滴虫性阴道炎、化脓性皮肤病、麻风病、结核病、精神病等保教人员应调离工作。

同时,教师入职前应进行相关的心理健康测试,存在心理问题的教师不得任职。日常生活中,教师应学会自我宣泄,避免长期积累而产生职业倦怠引起的心理问题。同时幼儿园方还应对园内所有的教师定期进行心理测试,发现问题及时处理,严禁带着心理问题入园。

(4)教师自我提升与管理

教师既是文化知识的传播者,又是幼儿身心发展的引路人。教师工作的主要特点是榜样性和示范性,这就决定了教师在思想品德和作风上必须成为学生的表率。"学高为师,身正为范",教师不仅要以自己的专而博的学识去教人,更重要的是要以自己的高尚品格去育人。只有教师先具备了高尚的职业道德、严谨的科学作风和忘我的敬业精神,才能给学生以良好的影响。

教师的高尚品德和忘我的敬业精神应体现在教师的世界观、人生观、价值观、道德修养、知识水平及精神面貌等方面,还应体现在教师是否能做到严谨治学、从严执教、为人师表、教书育人。就严谨治学和从严执教来说,要求教师具有现代教育思想、严谨的科学作风,以科学的教学方案、优化的适宜幼儿的教学方法传授知识。同时要求教师关心爱护幼儿,在传授专业知识的同时,以自身的高尚道德行为和人格魅力感染学生,做到言传身教,塑造自身完美的人格。

(三)教师安全行为培训与教育

教师以及幼儿园的工作人员应强化安全意识,认真细致地做好工作,防患于未然,尽量避免意外事故的发生。幼儿园管理者要组织教师学习相关的政策文件,并制定安全责任制,将安全工作落到实处,力争做到人人知道、人人关心、人人负责,在全园形成讲安全教育、树安全意识、促安全工作的局面。园长可以在园务会、教研、备课和研究班组等工作环节随时督促教职工,加强对幼儿安全工作的重视。

1. 加强领导,提高认识,完善安全制度

"幼儿园里安全无小事",园领导要把幼儿园的安全工作作为一项日常工作来抓。实行主要负责人亲自抓,分管负责人具体抓,始终绷紧安全这根弦。

责任不明和管理不善往往是造成幼儿事故发生的主要原因之一,所以幼儿园必须建立一套系统、完善、责任明确的安全管理制度。制度要根据各个岗位、环节安全工作的内容、责任人和奖罚办法,将安全工作制度化,责任落实到每位教师头上,做到责任明确、管理科学、赏罚分明。

幼儿园要成立由园长任组长,副园长以及保教主任、后勤主任、班主任担任成员的安全工作领导小组,园长为幼儿园的安全第一负责人。园长与保教主任、后勤主任、教师、后勤人员签订《安全责任书》,详细规定每个人的安全责任,尤其是教师明确自己的责任。除此之外,还应建立各项安全制度,如《交接班制度》《幼儿接送制度》《幼儿晨检午睡制度》等,并督促教师严格认真执行。

2. 加强责任感,教师要担负起对幼儿安全负责的重任

幼儿园要完成保育和教育的双重任务,保证幼儿的安全是首要的工作,因此教师应该明确自己是幼儿安全的第一负责人,明确重任,对幼儿工作的每一环都应该严格要求。

严把晨检关、接送关、午睡关、户外活动关、用车接送幼儿的护送关等"五关"。晨检时,要严格做到"一摸二看三问四检查"(一摸:看是否发烧;二看:咽部、皮肤和精神;三问:饮食、睡眠和大小便情况;四查:有无携带不安全物品,发现问题及时处理)。晨检非常重要,不能使其流于形式,检查一定要认真细致。

接送关一定严格按照幼儿园的接送制度,家长信息确认无误后,方能接走幼儿。

幼儿午睡的时候,值班教师要认真看护,不要离开寝室,要加强巡视,查看是否有幼儿未盖好被子,或腿搭在床沿儿上(防止幼儿从床上掉下来)。夏天点蚊香要远离易燃物品,防止发生火灾。同时对身体不适的幼儿更应加强关注和看护。

户外活动中针对幼儿经常发生的摔伤、碰伤等情况,教师要教育幼儿万一摔倒时,要用手撑一下,以免伤脸;滑梯时,双手扶好,不能撒手;荡秋千时,不能站在小朋友身后。上下楼梯时,走路要按规则,扶好扶手,靠右走,不拥挤,不打闹。教师带班时,不能随意离开幼儿,随时关注幼儿,尤其是在玩大型玩具前,要检查玩具是否存在松动、脱落等危险因素。在组织幼儿玩耍时,教师一定要在旁边照顾,保证幼儿在教师的视线范围之内。

用车接送幼儿时,随车看护教师要认真细致,确保每个幼儿上下车的安全,确定所有幼儿上下车完毕后再关闭车门,千万不要将幼儿落在车内或车外。

除了这些,在实际的工作中,幼儿教师更应心中有儿童,眼中有危险,对于可能产生不安全的行为应做到提早发现,提早预防,将危险扼杀在摇篮。

3. 定期对教师开展安全教育与检查

幼儿园的主要负责领导应随时督促教师注意安全检查,每次开会,都要把安全工作作为一项重要议题,做到会会讲安全,人人懂安全。利用教职工大会和班主任会议,向教师宣传有关安全知识(包括生活安全常识、交通安全知识、防火安全知识等),认识到影响幼儿的危险行为。让教师学会识别周围环境中的安全隐患。让教师对活动的设计和组织都要首先从幼儿的安全角度考虑。另外还要让教师掌握基本的幼儿意外伤害急救的知识和处理方法。

美国管理学家巴达维曾经说过:"企业日常如果不通过有效的控制,使它在轨道上正常运转,最好的计划、政策都是要落空的。"因此检查落实是做好安全保卫工作的根本。有了教育培训,应该重在抓好落实,不能忽视检查工作。通过检查可以发现问题,便于及时改正,消除隐患。同时定期检查也可以提高教师对安全的重视程度,促进其进行自我监督管理。

4. 教师应加强对幼儿的安全教育,让幼儿学会自我保护

不论是事故预知预想,还是事故"三不放过",这些方法对于孩子来说始终是被动的。教师与家长再小心,也不可能为孩子提供一个绝对安全的保险柜,要真正做好安全工作,孩子的自我保护是非常必要的。

(1)创设安全教育环境

幼儿园要想将安全教育纳入教学计划,除了专门进行安全教育的主题活动外,还要将安全教育渗透、整合到其他的领域,可通过在区角设置,环境创设时增加安全教育内容的方式来提醒孩子规范自己的行为。同时还要鼓励并为孩子创造参加社会安全教育活动的机会,提高幼儿自我保护意识。

(2)增加社会实践活动和模拟训练

许多安全知识仅靠讲解,孩子是很难掌握的,难以形成深刻的印象,只有幼儿亲自实践,才能真正学会自我保护。要经常组织幼儿参观各项安全防护设备、设施,组织幼儿进行逃生、自救等模拟训练。在社会教育中还可采用角色扮演法,让幼儿通过扮演相应角色,了解遇到困难和危险时的解决办法,提高幼儿自我保护意识和自我保护能力。

(3)加强体育锻炼,提高幼儿动作敏捷性和灵活性

不难发现,部分受伤的小朋友是平时很老实、不太爱活动的孩子,一个主要原因就是孩子的动作不灵活。各幼儿园要制订幼儿动作的发展评估标准和体格锻炼计划,发展幼儿动作灵活性和敏捷性,定期进行评估,减少事故的发生。安全教育可以让幼儿在安全工作中变被动为主动。孩子的谨慎行事为自己的生活增加了一个安全的砝码。

(4)转变教师观念,优化教育行为,保证幼儿情感安全

要不断加强教师的理论修养,提高专业素质,特别是树立正确、科学的教育观、儿童观,为孩子创设安全、和谐、温馨的心理精神环境,让孩子得到情感上的安全。同时遇到比较重大的突发事件,或孩子家庭中的变故,教师要学会引导、疏导孩子情感上的恐惧和不安,培养孩子积极健康的心理品质。

二、保育员不安全行为分类与控制措施

《幼儿园教育指导纲要(试行)》中指出:"保育员也是教育工作者,其行为同样对幼儿具有潜移默化的影响",这充分体现了保育员的重要地位。保育员的工作内容不再是单纯的打扫卫生、发放整理材料等,而应该转变为保护幼儿身体健康,促进幼儿个性、社会适应性的提高。因此,保育员对幼儿的发展以及保障幼儿安全也是有很大作用的。

(一)保育员不安全行为分类

在不安全行为分类上保育员与教师大致相同,包括:饮食与卫生方面的不安全行为,教育活动的不安全行为,游戏活动的不安全行为,睡眠管理中的不安全行为,造成幼儿心理伤害的行为。但保育员更加强调的是做好安全卫生整理以及辅助教师组织教学活动、游戏活动以及生活活动。

1. 饮食与卫生的不安全行为

保育员在协助教师进行这方面工作中应该做好餐具的消毒清洗；教导监督幼儿正确洗手；及时发现幼儿所食餐点的危险，如腐烂变质、三标不全等；清洗消毒幼儿使用的水杯毛巾等；恰当地摆放好餐具；避免不安全行为的发生，危及幼儿健康。

2. 教学活动的不安全行为

保育员虽然不直接组织教育教学活动，并不代表自己是袖手旁观的，应配合教师做好教玩具的整理、清洗、消毒、检查等工作，清楚自己的工作对幼儿安全的重要性。例如未对教具以及玩具进行清洁消毒工作；未对幼儿擦手帕、水杯进行消毒；未检查、清洗玩具等行为都会造成对幼儿身体上的危害。因此作为保育员更应明确责任，做好工作的每个细节。

3. 游戏活动的不安全行为

游戏是幼儿的主要活动，是幼儿最喜爱的，并且最能促进幼儿动作和情感发展的活动方式。在幼儿游戏的组织中，除了教师，保育员也在发挥着重要的作用。

【案例3】五岁男童游戏时与同伴相撞致残

广东省潮州市潮安县浮洋镇林泉幼儿园，2000年11月2日下午4点钟左右许辉鹏的母亲接到学校打来的电话，说辉鹏在学校跌倒，她赶紧骑车奔往学校。在幼儿园，教师为许母说了事故发生的经过：在做游戏的时候，辉鹏被朝他跑来的另一小朋友许润澎撞了一下，当时保育员误认为他跌倒起不来，是扭到脚，但当拉他起来时，辉鹏满身大汗，已不会说话。

心急如焚的许母将已经昏厥过去的儿子赶紧送往医院。在市中心医院，医生及时为辉鹏做手术。经医生诊断，许辉鹏与许润澎相撞倒地时脑部正好撞在坚硬的水泥板上，造成重度颅脑外伤，出现颅内血肿、脑疝症状，伤情十分严重。

从上述案例中我们不难看出保育员的失职之处，正是由于其疏忽造成了危险的发生。除此之外，若保育员未发现场地不平整，地面有障碍物或尖锐物；未观察天气；未给幼儿增减衣物或检查衣物是否合适及准备擦汗巾；未清点幼儿人数；未对幼儿进行安全教育，未向幼儿讲清具体活动的方法技巧及注意事项；未对使用的器械进行安全检查；户外活动未对使用的器械进行安全检查；区域活动未进行活动材料的安全与卫生检查等都会造成危险的发生。

4. 幼儿睡眠的不安全行为

孩子在园一个重要的任务,就是养成良好生活习惯。值得保育员注意的是,幼儿在睡眠过程中突发的疾病或是携带含有不安全因素的物品(例如弹珠、发卡等)都可能引发危险。

【案例4】从幼儿园寝室的高低床上铺摔下致伤

2011年9月某日,一天午睡时,山西运城闻喜机关幼儿园不满6岁的幼儿刘某从幼儿园寝室的高低床上铺摔到地板上。经当地公安机关的法医鉴定,刘某右锁骨骨折及头部受伤,并出现阵发性失明,失听,抽搐,记忆力下降,反应迟钝。刘某的家长因与幼儿园就赔偿问题协商不成,一纸诉状将幼儿园告上法庭,要求幼儿园承担赔偿责任。

上述悲剧为保育员敲响了警钟,在实际组织幼儿睡眠的工作中保育员如果未检查幼儿口袋;未检查幼儿口腔内是否有食物残留;未卸下女孩子佩戴的发卡;未对床铺进行安全检查;未对幼儿进行巡视、观察、管理,未能及时发现幼儿盖被问题;未对身体不适的幼儿多加照顾等行为都会造成安全隐患。保育员应提高意识,防微杜渐。

5. 心理安全

幼儿生活环境不良,或受成人不恰当的对待,都会对孩子的心理健康带来危害。在实际的工作中,保育员应做到严禁对幼儿使用脏话等不文明语言,杜绝嘲笑讥讽幼儿;注意自己的行为举止,避免不经意的动作对幼儿造成心理伤害;树立正确的育儿观,公平对待每一位幼儿;保育员应协调好自身情绪,避免消极情绪影响幼儿。

(二)保育员不安全行为的预控管理措施

1. 保育员资格准入条件控制

(1)具有高中以上学历,拥有保育员资格证

(2)热爱教育事业,有相关的幼教背景

(3)工作积极、主动,责任心强

(4)有一定的卫生保健知识,熟知常见病、传染病的症状

(5)身体健康,持有健康证明

2. 加强职业道德教育

(1)保育员的工作性质及对象

幼儿园教育不同于中小学教育,它并不仅仅是教给幼儿知识,更注重的是培养幼儿良好的行为习惯,锻炼幼儿健康的身体,让孩子在游戏中快

乐地成长。《幼儿园工作规程》第一章第二条明确指出,幼儿园的任务是"实行保育和教育相结合的原则,对幼儿实施体、智、德、美诸方面全面发展的教育,促进其身心和谐发展。"即强调保育与教育两者相互渗透、相互联系,才能实现幼儿园教育的目标。保育员的工作对象是各方面都尚未定型、可塑性很强的学龄前儿童,其主要工作侧重在保育方面,也就是负责幼儿的吃喝拉撒睡。看起来简单的工作,在实际操作的过程中却包含了很多科学养育的知识,需要保育员有着良好的职业技能和道德修养,如餐前消毒、幼儿洗手、排队领餐、汤菜分装、正确用餐、餐后漱口、擦嘴擦手、餐后休息等操作程序都蕴含着科学养育的要义,其中有的是身体保健方面的,有的则是行为习惯养成方面的。

保育员同时要协助教师完成教育和教学任务,要处理好儿童、集体、学校、家长等各方面的关系。幼儿离不开保育员的辅助,所以说保育工作无小事,事事都跟幼儿的生活和成长息息相关。保育工作的每一道程序、每一个环节,都有科学的规范和要求。保育员执行的好坏不仅关系着幼儿的身体健康,还关系着幼儿心灵和心理的健康。幼儿年龄小,是非分辨能力、心理承受和自我保护能力差,这更要求保育员具备高尚的职业道德修养,这样才能在工作中不折不扣地按照职业道德规范去做,顺利地完成保教任务。

(2)加强学习,树立正确的职业道德观

保育工作看似简单,实质上是一项琐碎、繁杂的工作,它一方面需要保育员倾注爱心,要求保育员有热爱儿童、乐于奉献的精神,另一方面要求保育员要具备多方面的实践能力和较高的综合素质。为此,保育员要树立终身学习的理念,通过不断学习来提升自己各方面的素质,如通过学习时事政治、规章制度来培养正确的人生观;通过学习道德规范来提高自身修养;通过学习教育学、儿童心理学、卫生保健等专业知识来提高业务能力;通过学习文化知识来提高自身综合素质。只有通过不断的学习,保育员才能与时俱进,了解最新的观念,掌握最新的知识,才能明白工作中的是与非、对与错,才能树立正确的职业道德观,进而做好本职工作。

(3)身体力行,养成良好的职业道德素养

保育员能否胜任本职工作,能否正确处理个人与个人、个人与集体的关系等,不能停留在口头上,而要看她自身的工作能否经受各种突发事件的考验。譬如幼儿园突发的安全事故如何处理,遇到自然灾害事件如何规避风险等。幼儿园的安全工作切不可大意,包括幼儿园设施设备及教玩具的日常安全检查、各种活动组织前的安全提示等,任何一个细微之处都不能放过。保育员要在专业人员的指导下,掌握卫生保健的基础知识,以及幼儿紧急抢救等基本常识。保育员要从工作中提高认识,通过改造实践、再实践、再认识,不断提高自身的职业道德水平。这必将是一个长期的、艰苦的修炼过程,需要每一个保育员身体力行地去实践。

(4)严于律己,落实职业道德守则

保育员的职业道德规范看似简单,但其关键在于要求保育员不论在任何情况下都能全面地按规范和守则的要求去做,严格约束自己的言行,克制各种各样的私心和欲望,做儿童的表率。保育员的言行举止是置于孩子们的"监督"之下的,儿童有强烈的好奇心和模仿力,但缺乏对是非、美丑的分辨能力。保教工作者(包括幼儿教师、保育员)在幼儿的心中享有崇高的威望,是儿童直接模仿学习的对象,其一言一行无时无刻不在影响着儿童的身心健康发展,因此每一个保教工作者都应该自觉地遵守职业道德规范要求,严于律己,时刻与实践工作相联系,养成学以致用的好习惯,认真把职业守则落到实处,并将其逐步内化为自身的职业道德信仰,促进自身实践的提升。

(5)将心比心,营造良性的职业道德氛围

孟子说:"老吾老以及人之老,幼吾幼以及人之幼"。意思是,人们应该以相同的尊敬仁孝之心对待自己的老人和跟自己没有血缘关系的老人,以相同的关心爱护之心对待自己的孩子和跟自己没有血缘关系的孩子。这是古人倡导的一种理想的社会人际关系和做人的道德标准。现代社会的人更应该懂得礼仪、懂得尊重,把每一个孩子都当成自己的孩子来对待。

幼儿园的保育员基本上都为女性,很多保育员都是家庭的主力军,把自己的孩子教育的很好,把家务打理的井井有条。她们在幼儿园从事的其实是基本相同的工作,都是如何"教育"和"打理"的问题,所不同的是服务的对象。前者是自己的孩子、自己的家,后者是别人的孩子、工作的单位(幼儿园)。要想把这两种活动做得一样好,的确需要有相当高的精神境界和道德修养,需要有一个宽厚博爱的胸怀,否则很难做到。因此,"内省"在保育员的工作中显得尤为重要,它可以时时提醒保育员要凭着工作的良心和做人的爱心去对待工作、对待幼儿。保育员要在工作环境中营造出一种良性的职业道德氛围,利用公众舆论、家庭监督的力量,形成一种自觉遵守职业道德规范的良好风气,使自身在工作中自觉规范行为,并努力提升自身的职业素养和水平。

3. 保育员安全行为培训与教育

著名的教育家苏霍姆林斯基说过:"在人的灵魂深处,都有一种根深蒂固的需要,这就是希望自己是一个发现者、研究者、探索者。"

作为一名保育员,要知道自己不是"袖手旁观""辅助者",应明确自身的责任,主动承担单起教育的任务,其中首先应该注意的就是幼儿的"安全问题"。

(1)进行安全教育,明确安全责任

第一,按幼儿园保育岗位量化责任制要求和消毒制度,做好本班室内外清洁卫生和消毒工作。做好每日的卫生清洁工作,检查卫生达标。

第二,在教师和保健医生的指导下,精心照顾幼儿的一日生活,每天供给幼儿足量的饭菜、足量的开水、温热的牛奶。

第三,在教师指导下,参与本班幼儿教育活动,认真配课、配操。帮助备好游戏材料,参与指导幼儿游戏。配合教师做好每周的教育计划工作,对幼儿进行品德教育及良好行为习惯、卫生习惯、独立生活能力的培养。组织指导幼儿值日生及集体劳动。对幼儿坚持正面教育,耐心细致、态度和蔼,严禁体罚和变相体罚。

第四,配合教师、保健员做好晨、午检工作,发现异常及时送幼儿去卫生室就诊,掌握有关安全知识和防范措施,对幼儿进行安全教育,保证安全无事故。协助保健医生做好体检、预防服药工作。

第五,保管好本班设备、用品及幼儿物品,保证无丢失、无差错。每天下班前关好门、窗、水、电。爱护公物,厉行节约,发现不安全因素及时报告园长,妥善处理。

第六,实行一人一巾一杯制,做好标记,教育幼儿专人专用。每天清洗手绢,每周清洗消毒玩具,及时清洁幼儿大小便污染的衣物。

第七,精心做好幼儿饮食工作,培养良好的进餐习惯,特别要照顾饭量小的体弱幼儿,适当限制严重肥胖幼儿的进食速度和食量。注意纠正幼儿挑食、偏食行为,努力避免幼儿贫血和营养不良现象发生。

第八,服从领导,虚心接受检查、指导和安排。

(2)对保育员普及必要的安全急救知识

安全是幼儿园工作的重中之重,但日常活动中各种突发事件难免会发生,此时保育员能否及时、科学地处理往往会直接影响孩子的生命安全。因此,掌握必要的急救护理知识显得尤为重要。作为幼儿园的相关负责领导应重视普及必要的安全急救知识,使安全急救知识的相关讲座规范化、程序化、普及化、常规化。这样的活动,能够让保育员意识到幼儿园安全工作的重要性,进一步明确自己的职责,认识到做好本职工作的重要性。同时,也提高保育员理论业务水平,从而为打造一支高素质的保育队伍打下基础。

在普及安全急救知识的活动中尤其要让保育员明确如何避免和预防意外事故的发生,针对幼儿园常见的小儿高热惊厥、烫伤、烧伤、骨折、流鼻血、口鼻耳异物、窒息、食物中毒等突发事件发生时幼儿的症状和急救方法,使保育员掌握相关急救技能和操作要领。

(3)建立安全监督和检查制度

幼儿园应建立安全管理小组,由园长任组长总负责,由责任心强、经验丰富的教职工具体负责,同时加强对各项安全管理制度执行情况的检查,可采取定期检查和不定期检查相结合、专项检查和一般检查相结合的方法。

三、保健医生不安全行为分类与控制措施

18世纪法国杰出的启蒙思想家、教育家卢梭说过:"教育是随着生命的开始而开始的。"著名的儿童教育家陈鹤琴先生也明确提出:"幼稚园第一注意的是儿童的健康。"幼儿园的卫生保健工作是促进儿童健康的重要途径。因此幼儿园的保健工作历来受到党和政府的重视,幼儿园新《纲要》指出:卫生保健工作是幼儿园的重要组成部分,它既要保护幼儿身体健康,也要保护幼儿的心理安全。在这一过程中保健医生发挥了重要的职责,随着幼儿园数量的迅速增加,幼儿园保健医生的数量也会增加,但是,幼儿园保健工作的不安全行为频频出现,保健医生的安全行为规范有待加强。

(一)保健医生不安全行为分类

1.保健医生不安全行为分类

保健医生对幼儿的生命健康发挥着重要的作用,根据保健医生的职

责可以把其不安全行为分为常规保健工作的不安全行为、幼儿常见病中的不安全行为和突发性事件预防的不安全行为。

2.常规保健工作中的不安全行为

未根据卫生部门的要求和幼儿园的安排,制定工作计划、保健制度。

未按时完成各项预防接种工作及幼儿的健康检查。

未督促保教人员搞好班级保健卫生工作,未及时组织检查、做好记录和分析等工作。

未做好晨间检查,督促保教人员组织幼儿户外锻炼及对幼儿的全天观察;幼儿园一日晨检对于保障幼儿身体安全起着非常重要的作用,如幼儿突发的发烧感冒及一些传染病(如腮腺炎等)在发病初期是不容易被发现的,如果保健医生未做好幼儿的晨间检查,可能就会导致幼儿病情的加重甚至危害幼儿的生命健康。如果是腮腺炎等传染性比较强的疾病更可能会导致园内其他幼儿被感染,不利于幼儿园正常工作的开展。

未定期与炊事人员共同研究幼儿的伙食管理,制定每周的食谱,未关注每日食物的质量验收等。

未做好传染病的管理工作,如未及时上报并及时采取有效措施,严格控制传染病的蔓延流行的行为。

未定期对幼儿、教师和家长开展安全教育的行为。

3.幼儿常见病中的不安全行为

不同地区对保健医生的要求是不同的,在幼儿常见病的护理过程中保健医生的不安全行为主要指常用护理技术不当的行为。常言说:有病了"三分治,七分养",对于幼儿来说生病后的护理显得非常重要,保健医生应学会正确的护理方法,促进幼儿身体的健康成长。

4.突发事件中的不安全行为

幼儿在幼儿园可能随时会发生一些意外,意外事故无论大小、轻重,都需要保健医生及时对突发病情或事件做出判断和处理,在这一过程中急救技术缺乏是主要的不安全行为。如遇到窒息、溺水、触电、外伤大出血、吞食异物、中毒等突发事故时,不能采取相应的急救措施可能会导致幼儿的生命危险。

(二)保健医生不安全行为的预控管理措施

保健医生在幼儿的健康成长过程中发挥着重要的作用,同时也存在许多的不安全行为。因此,我们要采取相应的措施来控制保健医生的不

安全行为,具体如下:

1. 严格控制保健医生资格准入条件

保健医生必须具备正规的医学专业的学历认证。近几年幼儿园喂药事件频发,每起事件都与保健医生脱不了干系。如,兰州市某幼儿园2013年曾多次私自给幼儿喂处方药利巴韦林;2014年西安两所幼儿园给幼儿违规服用处方药"病毒灵"事件曝光后,警方初步查明,幼儿园方面为提高幼儿出勤率,增加幼儿园收入,从2008年即开始购入处方药品违规给幼儿服用。幼儿园为提高幼儿出勤率,在明知没有取得法定资格的情况下,以吃药能预防幼儿生病为由,擅自购买处方药"病毒灵",不定期给园内幼儿服用;2014年3月吉林市高新区芳林幼儿园涉嫌给幼儿擅用"病毒灵"。这些事件中,保健医生通过给幼儿定期服用抗生素之类的药物来提高幼儿的出勤率的不当行为,赤裸裸地向公众展示了个别幼教工作者为了谋得一己之利不惜牺牲幼儿的健康安全。据调查,这些园所的保健医生没有正规的从业执照和相关学历认证,更没有发挥其应有的职责,伙同幼儿园相关负责人一起先后多次购买抗生素药物,严重危害了幼儿的身体健康。可见,严格控制保健医生的资格准入条件,在一定程度上可以遏制幼儿园安全事故的发生。

保健医生必须具备医学基础理论知识,掌握预防保健、教育教学和组织管理等方面的技能;保健医生的医学基础知识和预防保健等方面的知识有助于保健医生更好地护理生病幼儿和应对突发事件。

保健医生必须具备一定的常用护理技术和急救术,如出现窒息、中毒、烧伤、烫伤、骨折等突发状况时,知道正确处理方法。

保健医生必须具备认真负责的工作态度,这样才能避免医疗事故的发生,才能使自己尽职尽责。幼儿脆弱的生命需要我们的悉心呵护,当幼儿在幼儿园身体不适时,保健医生一定要尽职尽责认真看护。

2. 加强保健医生职业道德教育

职业道德是所有从业人员在职业活动中应该遵守的基本行为准则,是社会道德的重要组成部分,是社会道德在职业活动中的具体表现,是一种更为具体化、职业化、个性化的社会道德。保健医生应加强自身的职业道德,提高其自身的综合素质,使幼儿园的保健体系更加完善。

3. 加强保健医生安全行为培训与教育

要定期对保健医生进行安全行为培训。自2010年以来国家加强了对学前教育的国培计划，但是调查发现不论是国培还是省培对保健医生的培训是非常少的，这就需要相关部门加大对保健医生的培训力度，以减少医疗事故的发生。

要定期对保健医生开展护理知识和应急术的教育。相关部门要定期对保健医生进行专业知识的教育，只有不断地学习、更新自己的技能知识才能使保健医生的工作顺利开展，适应社会和幼儿园的发展。培训的方式也可有所创新，如开展一些保健医生技能大赛等以赛促教，促进保健医生技能、素质的提高，从而减少幼儿园保健医生不安全行为的发生。

四、幼儿不安全行为分类与控制措施

(一) 幼儿不安全行为分类

根据幼儿一日生活的安排，我们将幼儿的不安全行为分为生活活动所产生的不安全行为、游戏活动所产生的不安全行为、教学活动所产生的不安全行为以及园外学习活动所产生的不安全行为四部分。

1. 幼儿在生活活动中所产生的不安全行为

幼儿在幼儿园的一日生活中，从餐前到午睡，充斥着各种不安全行为。比如，餐前进行剧烈活动，进餐时嬉戏打闹，午睡中踢被子、把被子放入口中、蒙头睡觉、睡姿不正确等都是不安全行为。

2. 幼儿在教学活动中所产生的不安全行为

幼儿在教学活动中，总是要接触各种各样的教具，幼儿在对有些教具不熟悉的情况下，也会产生不安全行为。比如：将橡皮泥、铅笔、画笔以及细小物品放入口鼻中，使用温度计、寒暑计时乱咬乱摔等。

3. 幼儿在游戏中所产生的不安全行为

游戏对于幼儿来讲是最重要的。游戏是促进幼儿发展，对幼儿进行教育的最好、最有效、最重要的手段。幼儿每天除了吃饭、睡觉、洗漱等活动外，大部分时间都是在游戏。但是，幼儿在游戏时所发生的危险也不容忽视。比如：玩组合滑梯时拥挤打闹、操作不当，使用儿童铁锹、小铲子、小锤子等打闹等。

【案例5】2013年11月2日早晨，在潮安县浮洋镇临泉幼儿园，王萌和韩飞是一幼儿园的同班小朋友,在早晨锻炼活动时,王萌不小心把飞盘扔到韩飞身上,两人由争吵发展成扭打,这时候,没有老师前来拉开他们。吵打过程中,王萌再次把飞盘扔向韩飞,飞盘碰伤韩飞的眼睛,经医院诊断,韩飞视力下降,需上万元的治疗费。韩飞的家长要求王萌的家长和幼儿园共同赔偿,遭双方拒绝,便告上法庭。

4. 幼儿在园外学习中所产生的不安全行为

为了让幼儿更好的了解生活,认识世界,学到更多有用的知识,家长会经常带幼儿到动植物园认识小动物,认识花草树木,到科技博物馆了解先进的科学技术产品等,外面的世界虽然精彩,但是危险却无处不在,比如:在动植物园中,幼儿会随意攀爬围栏,参观动植物时近距离投食、逗弄动物、采摘花朵或乘坐游览车时把头和手伸出车外,私自跑到池边玩耍等。

【案例6】2014年4月14日,一对夫妻带着两岁的孩子,从鄞州文化艺术中心出来,准备去公园玩耍。爸爸去开车,妈妈跟着孩子,结果孩子看到路边有一个水池,撒腿跑了过去。孩子和妈妈刚好处在两辆停放着的车辆中间。孩子因为身材娇小,从车缝间跑了过去,妈妈挤不过去,一把没拉住,悲剧就发生了。一辆白色的轿车刚好开过,虽然速度并不快,但还是撞倒孩子,并从孩子身上轧了过去。

(二)幼儿不安全行为的预控管理措施

幼儿是祖国的未来,是世界的希望,幼儿安全健康的成长和发展是幼儿教育的首要任务。只有幼儿的身体健康得到了保证,才能促进幼儿的全面发展,才能为幼儿的未来做长远打算。因此,应在幼儿教育中全面重视和加强对幼儿安全方面的教育,从最基本做起,促进幼儿的健康成长。

1. 树立正确的安全观[61]

幼儿不是生来就具备安全意识,可以自动避免生活中的一些不安全因素对自身的伤害。幼儿安全经验的获得、安全意识的树立,大部分是在生活实践中得来的,这除了家长和教师的教育之外,还有自我的挫折式体验,即所谓吃一堑长一智。在幼儿的成长道路上,没有不磕磕碰碰的。因此,家长和教师要正确对待幼儿的受伤,在爱孩子的同时,不能培养出一朵只在温室里才能存活的花儿。在孩子摔倒时,除了心疼安慰之外,还应培养幼儿坚强、勇敢的品质,更重要的是培养幼儿的安全意识和良好行为习惯,加强对幼儿的安全教育,让幼儿茁壮成长。

2. 培养幼儿安全意识和习惯,加强幼儿安全教育[62]

(1)培养幼儿安全意识

对幼儿进行安全教育,应从日常生活中的点点滴滴做起,逐渐提高幼儿的安全意识。例如,每天晨检时,教师要检查幼儿是否携带危险物品以及身上有无异物并且要让幼儿明白哪些东西是危险的、是不应该带到幼儿园里来的,哪些会给自己造成什么伤害,逐渐培养幼儿的安全意识,帮助幼儿养成良好的行为习惯。同时,教师也可以鼓励幼儿相互检查,并进行监督,对表现好的幼儿进行言语奖励,让幼儿在互相学习中增强安全意识。

(2)培养幼儿良好的行为习惯

在培养幼儿安全意识的同时,还应注意培养幼儿良好的行为习惯,以避免幼儿受到不必要的伤害。如,应让幼儿养成吃饭时不打闹说笑,饭后不进行剧烈活动,学习时不将橡皮泥、铅笔、画笔以及细小物品放入口鼻中等习惯。教师和家长要时刻提醒幼儿做事的正确方法,使幼儿在潜移默化中形成良好的行为习惯。

(3)提高幼儿的自我保护能力

生活中无处不危险,因此,教师和家长要有意识地培养幼儿自我保护能力与意识,在遇到危险时,明白应该怎么做,该用何种方式保护自己,尽量避免受到伤害。比如,接听电话时,要时刻保持警惕,不告诉陌生人自己的名字和地址等相关信息,发现异常,要打报警电话等。除了让幼儿学会避免生活中人为造成的危险,教师和家长也要让幼儿掌握逃避自然危险的方法。比如,地震时,要迅速钻到床下、桌下,同时用被褥、枕头、脸盆等物护住头部,等地震间隙再尽快离开住房,转移到安全的地方。

(4)创设安全教育环境[63]

幼儿所生活的环境也至关重要,因为环境中的各种因素都会影响幼儿的行为。因此,可以通过创设针对幼儿进行安全教育的生活环境对幼儿产生潜移默化的影响。教师可以张贴一些通俗易懂的安全教育图片,让幼儿随时随地都能学习安全教育内容。比如,在楼道张贴"请保持安静""靠右行走"的图片,在门上张贴"小心夹手"的图片等。每个教室可以设置安全教育宣传栏,粘贴幼儿自己制作的安全标示或标语,让幼儿认识常见的交通标示,懂得其含义和主要作用。幼儿园也要加强安全检查工作,保障安全的教育环境。教师也可以鼓励幼儿,让幼儿自己去发现生活中不安全的地方,并进行标记、预防。

3. 强化幼儿的安全训练

(1)将安全教育内容渗透于游戏和生活中,并进行随机教育[64]

游戏是幼儿生活的主导部分,因此,我们可以将幼儿的安全教育与游戏融合到一起,将安全生活经验通过游戏传授给幼儿,让幼儿在玩耍中体会什么是安全,潜移默化地提高幼儿的安全意识,提高应对危险的能力。例如,教师在教授幼儿消防安全教育知识时,不是简单的教导幼儿什么应该做,什么不应该做。

从消防安全教育为例,首先,教师应该和幼儿一起讨论有关消防安全的相关内容,讨论幼儿感兴趣的话题,比如,发生火灾都有哪些原因,如何防范,以及自救逃生的方法和技能,有哪些消防用品等;接下来,在游戏活动中,教师指导幼儿利用日常生活中的纸盒、易拉罐、可乐瓶、编织袋等废旧、安全材料,组装成消火栓、消防车、灭火器、消防梯、消防队员制服等。制作完后,大家一起讨论这些东西各自的用途。在接下来的游戏中,幼儿可以将自制的消防用品作为游戏的道具。在角色游戏中,幼儿可以扮演逃生者,练习一些逃生的方法和自救技能。在绘画中,幼儿老师可以提供火苗、火焰、油灯、消防车、灭火器等素材,让幼儿在绘画中体会消防的概念,如画出消防员奋力救出逃生者,抢救现场的图画。通过交流、角色扮演与绘画,可以让幼儿加深对消防安全教育的学习。

(2)教师要时刻为幼儿树立安全行为的榜样[65]

对于幼儿来说,在幼儿园中,教师是幼儿的偶像,在幼儿心中,教师无所不能。幼儿年龄小,知识经验贫乏,模仿性极强,他们总是追随教师的各种行为进行模仿学习。所以,教师应时刻注意为幼儿树立安全行为的榜样。首先,教师要注意自己的言行,不要在幼儿面前做危险的动作。例如,当教师使用工具、餐具、电器时要小心翼翼,要按照正确的方法使用。在组织幼儿活动时,教师要时刻关注幼儿的行为,让幼儿时刻都感受到教师的关心,更加爱护自己的身体。其次,教师要言传身教,通过实践活动提高幼儿的安全意识。比如,在烹饪活动时,教师要一边示范一边讲解,"当我炒东西的时候,我不会太靠近火源,我也不会用手去碰热锅的边缘,这样就不会被烫伤。"同时,教师还要给幼儿提供机会,让幼儿亲自实践,在练习的过程中,学习并掌握安全知识。

(3)教给幼儿一些基本的、必需的安全行为规则

幼儿的生活经验是匮乏的,在玩某些器械或是对一些玩具不是很熟

悉的时候,作为有丰富生活经验的成人,有义务指导幼儿掌握一些基本的、必需的行为规则。教师要和幼儿一起讨论如何正确、安全地使用这些器械,并带领幼儿进行实践操作,在操作中发现问题,并与幼儿一起解决,提高幼儿的操作能力,加强幼儿的安全意识。比如,在玩跷跷板时,教师要告诉幼儿,玩耍的两名幼儿体重要相当,玩耍时,幼儿应当面对面坐在跷跷板上,不要反转过来或背对背地坐着,并且让幼儿用两手紧紧握住把手,不要试图触摸地面或者两手放空。两脚自然放在两侧,不要蜷缩在跷跷板的下方。当跷跷板有人在使用时,其他的幼儿要保持距离,绝不要将自己的肢体伸到翘起的板下面,或者站在跷跷板的横梁中间,甚至试图爬到正在上下活动的跷跷板上。有些游戏规则繁多,幼儿容易忘记,因此教师要时刻关注幼儿,让幼儿在操作中逐渐熟练,适当时教师要给予指导。

(4)教师要持续进行观察,防患于未然

幼儿在进行活动时,教师要善于观察,对于危险性较小的活动,教师只要稍加指导就可以,要给予幼儿更多的自由,让幼儿自己去探索。比如搭积木,当幼儿搭积木的高度超过了规定以后,教师可以建议幼儿搭一座宽广的但不是很高的教堂。这种建议可以很巧妙地避免危险,而且幼儿也乐于接受。但是对于危险系数较高的活动,当教师发现幼儿有危险的行为时,教师要迅速制止,但是要注意说话的技巧,要告诉幼儿为什么不能这么做,这么做会有什么危险,这样幼儿既会知道自己的错误,又不会产生逆反心理。教师在关注幼儿身体安全的同时,也要密切关注幼儿的情感安全。有些幼儿在经历意外灾难后或是由于成人的不当言行,就会变得敏感从而导致心理伤害,产生不安全感。因此教师要给予幼儿情绪情感上的安全经验。比如,教师要以温柔和蔼的语气与幼儿交谈,并经常给予拥抱微笑或身体接触等适当的鼓励,这样会减少幼儿的恐惧感。

(5)定期开展安全讲座

在幼儿园,仅仅只依靠教师对幼儿进行安全教育还远远不够,还要抓住一切可以利用的资源。在幼儿心里,对警察、消防员是非常崇拜的,因此可以利用幼儿的心理,邀请社区中的交通警察讲解交通安全规则、邀请消防员讲解防火措施等。

(6)定期开展模拟演习活动[66]

幼儿对于一些自然灾害不是很熟悉,比如山洪、火灾、地震等,仅仅是从电视上或是教师的讲述中了解的,由于体验的缺失,教师教给幼儿的逃生方法很容易被遗忘。所以,幼儿园应该定期开展模拟演习活动,让幼儿在模拟场景中,将所学的安全防护方法学以致用。比如,地震演习,警报声响起后,教师要迅速告诉幼儿地震了,让幼儿不要慌张,并指挥幼儿紧急避险,指导幼儿双手抱头,躲避到桌子底下,稍作躲避之后,教师要迅速有序地组织幼儿向空旷的场地转移。演习结束后,教师组织幼儿进行讨论,告诉幼儿今天只是一个演习,但是如果遇到真正的地震,我们也可以像今天一样紧急避险、自救自护。

(7)加强学校与家长之间的交流与沟通,达到认识层次的统一

幼儿的一日生活都是在家庭和幼儿园度过的,因此幼儿的家庭教育和幼儿园教育对幼儿都是至关重要的,二者不能脱节,只有相互结合才能取得更有效的教育效果。而目前我国的家园合作往往配合得不太好,相互脱节,在有些方面分歧较大。幼儿园老师煞费苦心教授的内容,往往被家长用相反的行为做出否定,而有的家长不关注幼儿在幼儿园所学的内容,也不帮助幼儿进行巩固,往往导致幼儿在幼儿园所学的内容,很容易忘记,也无法实践到生活中。因此,只有家长和幼儿园达到高度的统一,家长才可以有效发挥家庭教育的优势,随时对幼儿进行安全教育,提高幼儿的自我保护意识。比如,遇到红绿灯,家长可以指导幼儿遵守交通规则。家长还应该时刻关注幼儿的心理发展以及在幼儿园的表现,并给予相应的关注,只有这样才能更有利于幼儿的健康发展。

(8)通过多媒体激发幼儿的兴趣[67]

随着现代网络的发展,我们可以利用多媒体,以幼儿喜爱的卡通人物为素材制作动画课件,生动形象地把游戏的正确操作方法以及行为规则展现出来。幼儿通过这种直观、简单的学习方法,易于接受安全教育,提高安全意识。

(9)在愉快的游戏中有意识地学习[68]

角色游戏是幼儿通过扮演角色,运用想象,创造性地反映个人生活印象的一种游戏,这种游戏通常都有一定的主题,如娃娃家、商店、医院等等,所以又称为"主题角色游戏"。教师要充分挖掘角色游戏中的安全教育因素,发挥其安全教育的作用。例如,幼儿可以通过扮演消防员,了解防火知识;通过扮演交通警察,了解交通行为规则等。角色游戏是幼儿非常喜欢的游戏,在角色扮演游戏中不仅满足了幼儿爱玩的心理,还能使幼

儿获得更多的安全知识。

幼儿的身体协调性及动作的灵敏性不如成人,在危险到来后反应不及时,很容易受伤。因此,幼儿园可以专门设计一些能锻炼幼儿的反应能力,提高手臂、大腿肌肉力量的活动,这样在发生危险时,经过训练的幼儿逃生的机会也会大大增加。

(10)引导幼儿关怀生命,让幼儿感受生命的意义[69]

在培养幼儿安全意识和习惯的同时,还要让幼儿感受生命的意义。生命教育强调的是对生命的珍惜与尊重。教师可以播放母亲分娩、残疾儿童生活的纪录片的方式,还可以在教室的一角开辟动植物区域,让幼儿通过饲养动植物,感受生命的奇妙与脆弱。通过这些举措让幼儿在认识到生命的宝贵与脆弱后,懂得生命的价值,懂得自己的健康是父母的期盼,要珍惜生命、热爱生命、尊重生命。

五、家长不安全行为分类与控制措施

家庭是幼儿生活、成长的重要场所,古今中外许多教育家都强调家庭教育中家长的作用。常言说"父母是幼儿的第一任老师",从呱呱坠地到咿呀学语家长都发挥着重要的作用。颜之推的《颜氏家训》及陈鹤琴的《家庭教育学》都指出了家长在幼儿成长过程中的重要性。随着国家独生子女政策的实施,目前大批的80后和90后初做父母,由于受到教育理念、知识背景、学历层次和经济状况的影响,在教育幼儿的过程中存在许多问题,导致大量的不安全行为发生。本部分主要从家长的不安全行为分类和不安全行为控制措施两部分来阐述。

(一)家长不安全行为分类

家长的不安全行为按照不同的维度有不同的划分。

1. 从不安全行为的伤害类型可以分为生理的不安全行为和心理的不安全行为

家长对幼儿生理的不安全行为是指家长的某些行为举止对幼儿的身体造成的伤害。家长不安全行为对幼儿身体伤害的原因首先是由家长安全观念的陈旧引起的,如幼儿误食鱼刺等异物卡到喉咙时,有的家长由于缺乏科学的方法,采用一些民间流传的土方法,比如吞食一些面包、馒头等食物试图将异物顶下去或者采用喝醋的方法,但这些方法其实都有一定的危险性。其次是家长的体罚行为对幼儿身体造成的伤害,如家长由于幼儿的一些不好的行为对幼儿进行身体的惩罚,会对幼儿造成不同程度的伤害。

【案例7】2013年1月2日下午,扬州市江都区就发生了一幕令人扼腕叹息的家庭悲剧。一名11岁男孩因在网吧贪玩游戏夜不归宿,其父亲魏某找到他之后,异常气愤之下用铝合金管将其打伤,后送医院抢救无效死亡。俗话说"虎毒不食子",野兽尚且知道关爱自己的子女,何况是我们号称智慧生物的人类,父母对于孩子有教育的权利和义务,但是并不代表对孩子有生杀大权。近年来,屡屡爆出一些父母虐待孩子的新闻,这些让人难以置信的事情都值得家长深思,减少对幼儿身体的体罚。

家长不安全行为对幼儿心理的伤害是指家长的言行对幼儿的心理造成的伤害,使幼儿产生心理扭曲、情绪障碍等心理卫生健康问题。家长不安全行为对幼儿心理的伤害首先是家长长期虐待幼儿导致的不安全行为,家长长期对幼儿的恐吓、鞭打或体罚等会对幼儿的性格造成影响。长期的虐童会使幼儿缺乏安全感,性格变得孤僻内向而不愿和人交流,攻击性行为也会增多。其次,家长之间关系不和、离异会对幼儿的心理产生深远的影响。如父母之间总是吵架,在争吵的环境中战战兢兢的生活会导致幼儿的神经紧张出现梦魇、夜惊和恐惧等心理问题。父母离异对幼儿的打击过大容易造成幼儿性格的缺失。家长的诸多不安全行为都会对幼儿产生心理的影响。

2. 从不安全行为的场景维度划分可以分为家庭生活中的不安全行为和家庭以外的不安全行为

家长在家庭中的不安全行为是指家长在家庭这一环境中对幼儿产生的不安全行为。比如将尖锐的物品放到幼儿易拿到的位置,医药物品随便乱放,管制刀具随意乱放等,这些都是家长在家庭中的不安全行为。如有位家长不小心将刚烧开的水倒在幼儿的身上,导致幼儿大面积的烫伤,因此家长在有幼儿在家的情况下做任何事情应该格外小心,避免对其造成意外的伤害。

家长在家庭以外的不安全行为是指家长带幼儿在室外游玩等过程中产生的对幼儿的不安全行为。为避免室外不安全行为的发生,家长首先要尽量让幼儿在自己的视线范围内,一些幼儿走失、被别人抱走等事件的发生大多是由于幼儿一个人跑远,离开家长的视线导致的。其次,家长尽量避免让幼儿一个人在交通要道上行走,避免碾压伤。最后,在一些有安全隐患的场所。家长要提高警惕,看好自己的孩子。家长在室外一定要细心、有耐心、用心地看管自己的孩子,减少不安全行为发生的几率,保障幼儿的健康快乐成长。

(二)家长不安全行为的预控管理措施

家长作为幼儿的监护人,对幼儿的健康成长起着非常重要的作用,因此,家长要有安全行为的意识,降低不安全行为出现的概率。对家长不安全行为控制的措施有以下几点:

1. 家长要自觉提高自身的育儿技能和方法

随着经济的发展和社会的进步,家长对幼儿也越来越重视,也愿意去学习科学的育儿理念和经验。自觉地学习相关的育儿技能和方法显得尤为重要,很多的不安全行为都是由于家长的疏忽大意或者错误的方法导致,因此家长应该自觉提高自己的育儿技能和方法。

2. 托幼机构要定期对家长开展安全行为教育活动

托幼机构是幼儿最早进入的集体教育机构。托儿所和幼儿园对幼儿的同伴关系、社会性的发展等发挥着重要的作用。为了减少家长对幼儿的不安全行为,托儿所、幼儿园要定期对家长开展安全行为教育活动,告诉家长哪些行为容易对幼儿造成伤害,同时要尽可能解决家长在教育幼儿过程中的问题和顾虑。

托儿所、幼儿园也可以为家长提供交流的平台,促进家长之间经验的分享。家长之间的交流过程有益于家长用更科学的方法和态度去解决育儿过程中的问题,从而避免不安全行为的发生。

3. 社会要给予家长相关知识和经验的帮助

社会要给予家长一定的支持。社区可以组织一些讲座等来宣传家长在育儿过程中的注意事项等,邀请一些育儿经验丰富的专家来给家长普及相关的知识;大众传媒,如电视、网络等也可以做一些育儿节目及时和家长互动,交流经验减少家长对幼儿的不安全行为,促进幼儿健康成长。

第五章

幼儿综合安全管理

一、大型活动预控与管理

幼儿园的大型活动按照场所可分为园内大型活动与园外大型活动。园内大型活动包括家长开放日、安全演习（地震演习、消防演习、防暴演习）、庆典活动（开园庆典、周年庆典、毕业典礼、节日庆典）、特色活动（艺术节、读书日、科技节、早餐会）、亲子运动会等。园外大型活动主要包括郊游、远足、参观、植树等实践活动。大型活动的安全管理，难在活动人数众多、活动环境较为开放、活动内容较为复杂，需要幼儿园及其教师关注的"安全点"太多，稍有疏忽就会出现安全纰漏[70]。

由于幼儿园是大型活动的主办者、组织者，对参与活动的幼儿负有安全管理职责（即便家长在场，也不能免除园方这一职责），一旦发生事故，幼儿园往往需要承担法律责任。

（一）大型活动中的危险源

1.园内大型活动中的危险源——活动前

（1）后勤人员未合理安排活动场地或未对场地进行安全检查

【案例1】男童在节目表演中因地板过滑跌下舞台导致骨折

2006年6月1日，某幼儿园为庆祝"六一"儿童节，组织全园孩子进行文艺汇演，并请幼儿的家长观看。轮到孩子们表演"快乐天使"节目时，参与节目表演的豆豆踩着台上的木板突然滑倒，从台上摔了下来，造成右肱骨及尾骨骨折，经鉴定其伤情构成两个九级伤残。在与园方协商未果的情况下，豆豆的父母以孩子的名义将幼儿园起诉到法院，要求园方赔偿各项损失共计9万元。幼儿园辩称，园方组织孩子向家长进行汇报演出，展示孩子们在校期间的学习成果，而且汇演中幼儿家长在场，豆豆在表演时从台上摔下致残，园方自始至终没有过错。法院经审理认为，孩子在幼儿园活动期间，幼儿园负有保护孩子人身安全的义务，尽管豆豆的家长当时在场，但保护责任仍然没有发生转移，其孩子仍然处于园方的管理、教育之下，而幼儿园疏于管理与保护，应承担相应的民事赔偿责任。据此，法院一审判决幼儿园赔偿豆豆各项损失6万元。

（2）活动场地没有遮拦设施

（3）保教干事未观察天气

(4)后勤人员未提供安全器材

(5)后勤人员未准备充足的饮用水

(6)教师未制定科学合理的活动项目,例如,所排练节目的时间、强度、难度不适宜

(7)教师未向家长交代幼儿活动流程、活动规则以及注意事项,例如:准备防晒或合适的衣物,准备充足的饮用水等

(8)教师未对幼儿进行特色活动安全教育

(9)教师未关注幼儿身体状况是否适宜参加活动

(10)教师未检查幼儿的着装是否适合参加运动会等活动

(11)参加活动人员多且复杂

2. 园内大型活动中的危险源——活动中

(1)活动过程中教师未组织管理幼儿

【案例2】亲子运动会中男童趁老师不注意偷拉绳被绞断手指。

2007年10月18日上午,浩浩所在的幼儿园召开亲子运动会,由于幼儿园要求家长也必须参加,所以浩浩的奶奶也来了。运动会期间浩浩趁大家不注意跑到后面帮忙,由于绳子的一端被某位家长绕在了场地的柱子上,就在对方不断拉绳子时,浩浩的右手被缠进拴在柱子上的绳子里,大拇指当场被绞断,鲜血当时就染红了绳子。虽及时送往医院,但最终还是没能挽救孩子的手指,截得只剩下一个骨环。虽然孩子的奶奶当时在场,但是该项活动是幼儿园组织的,幼儿园仍然应对幼儿尽看护管理义务。事后,幼儿园一次性给付浩浩交通费、误工费、伤残赔偿、精神损害抚慰金、营养费共计7.5万元。

(2)活动过程中教师未组织家长有序参与活动

(3)活动中未设医疗小组

(4)后勤人员未对电器等危险性设施进行看护

3. 园内大型活动中的危险源——活动后

(1)活动结束后教师未点名并带领幼儿有序离开

(2)教师未对幼儿身心及其所携带物品进行检查

(3)后勤人员未整理活动场地

4. 园外大型活动中的危险源——活动前

(1)选择的地址不合适或是场地不平整

(2)教师未提前观察天气

(3)教师未清点幼儿人数

(4)教师未提醒家长准备好幼儿衣鞋等物品

(5)教师未备齐擦汗巾

(6)教师设置郊游、远足的距离不当

(7)教师未检查幼儿所携带的食物和包裹

(8)相关应急药品未配齐

(9)教师未事先了解清楚一些幼儿的特殊身体状况

(10)教师未对幼儿进行郊游安全教育,未向幼儿讲清具体活动时的方法技巧及注意事项

5.园外大型活动中的危险源——活动中

(1)校车不符合标准或驾驶员未做到安全行驶

【案例3】2014年11月19日7时31分许,山东省蓬莱市新机场连接线一处路口位置,一辆运沙工程车与一辆接送幼儿园孩子的面包车相遇后,双方躲避不及,工程车侧翻致使一车黄沙将面包车掩埋在下面。事故造成12死3伤,死亡者中有11名为该市潮水镇四村幼儿园儿童。涉事幼儿园负责人张润红、"校车"车主郭某,以及大货车司机均被当地警方控制。据官方介绍,该面包车为8座客车,事发时实载15人。涉事货车属运沙车,也涉嫌超载。

(2)活动中教师未及时做好幼儿的擦汗、保暖工作

(3)教师未关注到幼儿的乱跑、打闹等行为

(4)教师未关注到幼儿捡石子和尖锐物品

(5)教师未关注幼儿到海边、河边等危险地段

(6)保健医生未及时处理突发情况

(7)教师未关注到幼儿的生理、心理需求

6.园外大型活动中的危险源——活动后

(1)活动后未组织幼儿有序排队和清点人数

【案例4】参观活动中幼儿独自行动险酿意外。

2009年4月8日上午,某幼儿园组织两个大班50名幼儿去郊区植物园参观。在参观植物园过程中,孩子们上完厕所后,教师进行点名,结果发现少了两个孩子。直到几分钟后,工作人员把宽宽和小雨带回来,老师才松了一口气。原来宽宽和小雨在上完厕所后趁老师不注意,偷偷跑到厕所附近的池塘旁,蹲在地上观赏起了小鱼,幸好被工作人员及时发现,

才没有酿成意外。

（2）教师未及时组织幼儿擦汗、添衣、盥洗活动

（3）教师未检查幼儿是否携带危险物品回园

（二）大型活动危险源的预控管理措施

在大型活动中幼儿园应做到的相应的预控管理措施：

1. 教师

（1）家长开放日活动——活动前

①教师应该提前告知家长的活动流程及注意事项。

②教师应在门口接待，严格把关参加活动的人员，保证没有闲杂人等进入幼儿园，并组织家长在相应区域等待；教师应提醒家长检查自身所带物品是否安全，若携带有尖锐器具或其他危险物品，可交由幼儿园保管。

（2）家长开放日活动——活动中

①需有一名教师组织家长活动，并在活动中随时交代注意事项，随时关注家长举动，及时制止家长的危险行为，并向其解释原因。

②组织教育活动的教师要积极调动幼儿参与活动的兴趣，使其暂时忘却家长的存在，若发现注意力不集中者，要及时转移其注意力；除了主教老师还应有一名助教协助维持活动秩序。

（3）家长开放日活动——活动后

①教师应组织家长与幼儿集体挥手再见后，让其有序离开；教师应嘱托家长，不能在教师不知情的情况下随便带走幼儿，若要带走幼儿应提前告知教师。

②家长离开后，教师应观察幼儿情绪是否消极，若发现情绪低落应及时转化其消极情绪，使其身心愉悦。例如，及时组织幼儿喜欢的活动，使其忘却父母的离开。

（4）安全演习活动——活动前

教师应通过多种形式向幼儿教授消防、地震逃生、防暴等演习知识，例如，在消防演习中，警报声起，幼儿应用湿毛巾捂住口鼻，排成1~2排，低下身子，沿墙角边有秩序地撤离；严格遵守活动纪律，在活动过程中，绝不允许以个人的喜好随意乱跑。严禁说话、嬉戏、打闹，严禁奔跑抢先，特别下楼梯时严禁动手推搡；在从教室疏散出来时，要按照既定路线缓慢、有序地下楼，下楼时要保持安静，手应尽可能扶住栏杆或墙壁。任何人不

得故意乱挤、超前等,特别是在下楼过程中绝不允许相互推挤。

(5)安全演习活动——活动中

①教师应在准备逃生时仔细清点幼儿人数,避免幼儿单独留在教室,必须保证每名幼儿都在教师的看护下行动。

②教师应提醒幼儿:在听到警铃声后,应迅速站队,并在教师的带领下有序走下楼梯,在队伍中应保持安静,不推攘,不打闹;教师应一前一后关注幼儿。

③教师在到达安全地带后要对幼儿点名,保证演习前后幼儿的人数一致。

(6)安全演习活动——活动后

①教师应在演戏活动结束后组织幼儿进行排队,并带领其有秩序地回到班级;教师应对幼儿点名,确保活动前后幼儿人数一致。

②教师应在活动结束后对幼儿进行检查,确保其没有携带危险物品;应关注幼儿活动结束之后的身心,检查幼儿身体是否因活动而出现问题,若有不适及时就医,并观察其情绪是否消极,若发现异常情况应及时转化其消极情绪,使其身心愉悦,带着开心的心情结束活动。

(7)庆典活动、特色活动、亲子运动会——活动前

①教师在为幼儿设计表演节目时,不应掺杂过多个人主观愿望,一味追求好看,应严格按照教学大纲的要求来执行,所安排活动内容、难度、强度不得超出幼儿正常的身心承受能力。

②教师在设计运动会项目时应根据年龄特点和《3-6岁幼儿学习与发展指南》科学制定活动项目;教师要根据幼儿的不同体质制定活动的内容、时间和强度,应关注幼儿排练中的情绪变化,掌握幼儿的身体状况,并合理地安排幼儿进行活动,对于体质特异的幼儿应安排专门的活动,并给予必要的关注和保护。

③教师应为幼儿准备安全的道具,不应有尖锐的部分;教师应尽量避免使用有安全隐患的物品,选取的道具要安全、无毒,大小适宜,道具应尽量以塑料、木材、塑料泡沫、布等轻便、耐用、不易碎的东西为原料,并对这些道具进行消毒。

④活动前一天,教师应首先查看天气情况,在适宜户外活动的情况下方可组织幼儿进行户外的庆典活动;若天气不适宜,保教干事应及时与园长协商,或在室内举行,并及时通知家长地点的变更。

⑤教师应制定完善合理的活动流程,例如大班毕业典礼:主持人讲话、节目表演、家长寄语、游戏、园长寄语、园长颁奖;教师在活动前要让幼儿熟悉活动流程与相关注意的问题:有事(喝水、如厕)找教师,不能私自离队,排队有序进场表演或等待,保持安静不打闹,不乱动危险物品;教师应提前与家长联系,让其帮助幼儿遵守活动规则,并嘱托家长应该在看台下观看表演,不能随处乱走,不能不打招呼私自带走幼儿。

⑥教师要通过各种途径对幼儿进行大型活动安全教育:参加活动要排队,一个接一个,不拥挤,不打闹;遵守活动规则;切不可触摸电器等危险物品;活动过程中不能单独行动,有事要找教师商量;教师在庆典活动开展前要带领幼儿开展活动预演。活动开始前,教师应通过:一摸,摸幼儿的额头和手心,初步辨别一下幼儿有无发烧等症状;二看,看幼儿面色和神态,有无疾病和传染病的迹象,精神状态是否良好,血色、咽喉、皮肤有无异常及某些传染病的早期症状,对可疑者应及时隔离、观察,生病的幼儿一定要看医生,明确不是传染病,退热了才能入园;三问,向家长询问幼儿的饮食、睡眠、大小便情况,从而判断幼儿是否健康;若教师在检查过程中发现幼儿身体不适宜参加活动,应立即联系保健医生和幼儿家长。

⑦教师应明确活动所穿的衣物及配饰符合安全标准:衣物要尽量宽松,面料柔软,要按照幼儿身高购买,头饰等不要有尖锐的角;教师要提前联系家长注意幼儿着装问题,要穿戴园里所发的参加庆典活动的衣服;教师应检查幼儿的衣服及鞋子,如发现裤子太长,要将裤角卷至踝骨部,防止幼儿踩住裤脚造成摔伤。幼儿的纽扣要扣整齐,防止衣服角挂在器械上;对过长或松开的鞋带要系好,以免绊倒。

(8)庆典活动、特色活动、亲子运动会——活动中

①教师应严格把关参加活动的人员,保证没有闲杂人等进入活动场地;教师应在人多时组织幼儿排队,做好应急措施,防范幼儿走失。

②教师在活动中,要时刻注意幼儿的动向,确保幼儿的安全;教师应每小时清点幼儿人数,分头在不同的区域对幼儿进行保护,确保幼儿在自己的视线范围内;在活动中教师不得随意离开幼儿,如因其他的特殊情况需要暂时离开,要交代给其他教师,保证幼儿始终在教师的监护之下;对于要上台表演的幼儿,要有教师进行提醒,排队上台,不要吵闹、推搡;在等待的幼儿,教师要组织他们安静观看节目,不要吵闹;教师要关注每位幼儿的活动情况,如发现幼儿之间发生冲突或推、挤现象,要及时制止。

③教师应组织家长在特定区域观看表演;嘱托家长不应随意去找幼儿,不应在幼儿表演时扰乱幼儿注意力,例如:对其喊口号,也不应随意带幼儿离场。

(9)庆典活动、特色活动、亲子活动——活动后

①教师应在庆典活动结束后,对幼儿进行点名,确保活动前后幼儿人数一致;教师应组织幼儿排队,保证队伍前后都有教师照看幼儿,并带领其有秩序地回到班级。

②教师应在活动结束后,检查幼儿口袋是否携带危险物品并及时处理;检查幼儿身体是否因活动而出现问题,若有不适及时就医;观察其情绪是否消极,及时转化其消极情绪,使其身心愉悦,带着开心的心情结束活动。

(10)郊游、远足活动——活动前

①为保障幼儿的安全,在郊游或远足前,教师应对场地进行检查,发现场地内及其周围存在的可能伤及运动中幼儿的危险物时应及时清除,要保证场地的平整,做到没有任何障碍物或是尖锐物;教师在选择郊游场地时,应选择近郊的公园、农庄,且必须要有完善的安全设施。远足应选择路途平坦、车辆人群较少的路线,不要选择山路;教师若带幼儿到河边、海边进行郊游,必须增加看护人员,看好幼儿,以防溺水。

②教师在开展郊游或远足活动的前一天,应首先查看天气情况,在适宜的天气情况下方可组织幼儿郊游、远足;如果发现天气有变,应提前通知保教干事等管理人员和家长们。

③教师在选择郊游地点时应将车程控制在一个小时之内,以免幼儿长时间待在车上出现身体不适现象;在选择远足地点时应将距离控制在2.5~3公里,行程时间控制在两个小时左右。

④教师在郊游或远足活动开始前,应仔细清点人数,防止幼儿私自留在教室或将其遗漏在幼儿园,保证每名幼儿都在教师的看护下行动;发现幼儿人数不正确时,应及时确定走丢幼儿的姓名,并尽快寻找到幼儿,确保幼儿处于安全的看护下;教师可以给幼儿进行编号、标记,以更好地管理幼儿和清点人数。

⑤教师要提前联系家长注意着装问题,衣物多少合适、厚薄刚好,并且要宽松合身,不要戴与活动不相关的小饰物。如发现裤子太长,要将裤角卷至踝骨部,防止幼儿踩住裤脚造成摔伤;幼儿的纽扣要扣整齐,防止

衣服角挂在器械上;并嘱咐家长要给孩子穿上舒适的鞋子,以免路途中孩子行走不便,对过长或松开的鞋带要系好,以免绊倒;提前提醒家长给孩子书包里放入可换洗衣物。

⑥教师应在郊游前给幼儿准备充足的擦汗巾,擦汗巾应当符合卫生标准并且易吸汗。

⑦教师应检查每个学生带来的食品,有些食品如果冻、蜜饯容易卡在喉咙,有奶油夹心的点心在炎热天气下易变质,香蕉长时间放在包里会被捂烂等;教师应提前建议家长准备水、适量的小面包或糕点、味道鲜美的小水果;远足活动时,教师应检查幼儿所带包裹的重量,不能超过幼儿自身体重的十分之一,如果包裹过重的话,教师应提前取出部分物品。

⑧教师应提前了解清楚班上每个孩子的身体状况,对于部分幼儿应给予重视,如有先天遗传疾病、花粉过敏、食物过敏、不能剧烈运动的,应密切关注幼儿的情况,并配备好相应的药物以应不时之需。对于部分身体健康有比较大隐患的幼儿,应与家长沟通交流。

⑩教师应在郊游或远足前,通过故事或创设相关情景来告诉幼儿在外出郊游或远足的安全注意事项。教师应引导幼儿遵守郊游规则,如不得去水边玩耍,不能玩火,不能乱采摘花草,不能互相打闹,不能抓小昆虫,不能随意捡石子和尖锐物品等。

⑩教师应引导幼儿遵守交通法规,过马路要先左右看,走人行横道,靠右行走,教师应教育幼儿不得与机动车抢行,不横穿马路,不能在马路上玩耍、奔跑或走到马路中;教师应引导幼儿自觉选择过街天桥来通过没有信号灯的道路,还应教育幼儿不得在天桥上往下丢东西,不得攀爬天桥护栏,不得攀爬、跨越、倚坐道路隔离设施;教师教育幼儿在上校车时,应该排队,不能争先恐后,要学会礼让他人,乘车时不要将头手伸出窗外。

(11)郊游、远足活动——活动中

①在郊游或远足过程中,教师应时刻注意幼儿是否出汗,如果出汗了,应及时用擦汗巾吸汗,并且不能让他们长时间暴露在寒风下,控制幼儿的玩耍时间。在幼儿休息时,应及时给他们添加衣物,特别在秋冬季节;教师应提醒幼儿在奔跑玩耍前脱去外衣,当自己觉得不适时应主动告诉教师。

②教师应对幼儿讲授在出游过程中要遵循的规则,如不能互相打闹,不能未经老师同意随意奔跑;教师应在幼儿玩耍时关注幼儿的位置及动

作,发现幼儿存在任何不安全行为都应及时进行制止和教育,如果一些幼儿调皮捣蛋应将其带在身边;教师在郊游或远足期间要定时清点人数,防止幼儿被遗漏掉,可以一个教师带头,一个教师带尾,保证每名幼儿都在教师的看护下活动。

③教师应在自由玩耍前告诉幼儿不能随地捡石子,或将其他物品扔向他人,不能从地上拾捡尖锐物品对着他人或自己,更不可以有任何伤人行为;幼儿在玩耍时教师应时时关注幼儿的动作,发现幼儿存在任何不安全行为都应及时进行制止和教育。

④教师应提醒幼儿不能独自去水边,更不能独自下水玩耍。发现这些行为时,应及时对幼儿加以制止与教育。

⑤在郊游或远足期间,教师要密切关注幼儿的生理需求,在幼儿饥饿或有如厕需求时给予帮助,当有些幼儿大小便失控时应及时给他换上干净衣物,以免幼儿不舒服;郊游或远足期间,当幼儿有心理需要时,如没有伙伴、需要安慰等时应该关注幼儿的情绪变化,不能对他们置之不理。

⑥教师可以在郊游或远足结束时在幼儿中任命小组长,帮忙清点人数,保证幼儿没有走失;教师应让幼儿按着来的队形排好队伍,不能乱占别人的位置,幼儿前后左右应保持一定距离,防止拥挤导致幼儿磕碰摔倒。

⑦在郊游或远足即将结束时,教师应时刻注意在郊游过程中幼儿是否出汗,如果出汗了,应及时用擦汗巾吸汗,并且不能让他们长时间暴露在寒风下,控制幼儿的玩耍时间。在幼儿休息下来时,应及时给他们添加衣物,特别在秋冬季节;教师在郊游或远足结束时应询问幼儿要不要上厕所,并让幼儿统一洗手,以免细菌进入幼儿体内。

(12)郊游、远足活动——活动后

教师在郊游或远足结束后,检查幼儿衣物口袋中是否携带危险品,如尖石子、小零部件、有毒的蘑菇等。

(13)园外参观活动

①教师应选择适当的参观场地,过小的话易造成拥挤,过大不利于管理,幼儿容易走丢;教师应对幼儿数量有所控制,保证场所大小与幼儿数量适宜;如果参观地点过小,可采取分组观看的方式,一个教师带着一部分先进去参观,另一个教师则应留下照看剩下的孩子;教师安排的参观时间应尽量避免节假日等参观人数过多的时间段,防止人流量过多或监管

不力导致幼儿走失。

②教师教育幼儿在上校车时,应该排队,不能争先恐后,要学会礼让他人,乘车时不要将头手伸出窗外;若需幼儿步行抵达参观地点,教师可以开展游戏,教育幼儿自觉遵守交通规则;告诫幼儿不能随意跟街上的陌生人说话,要紧紧跟着班级队伍。

③教师在参观期间要定时清点人数,防止幼儿被遗漏掉,保证每名幼儿都在教师的看护下行动,发现幼儿人数不正确时应及时确定缺少幼儿的姓名,并尽快寻找到幼儿;幼儿在参观时,教师应时时关注幼儿的位置及动作,发现幼儿存在任何不安全行为都应及时进行制止和教育。

④教师应提醒幼儿不能接近危险物品,以免伤害幼儿,例如,参观制药厂或零件加工厂,幼儿易将小药丸、小零件放入口鼻耳;教师应告诉幼儿参观时的注意事项,如不能乱涂乱画,不能随地扔垃圾,不能大声喧闹,不能随意触摸,不能损坏参观物品,不能互相打闹等;教师应引导幼儿有序地进行参观,服从教师的安排,不能听信陌生人的话,要跟着自己的班级队伍走。

(14)植树等园外实践活动

①在实践活动展开前,教师应对地点进行检查,发现场地内及其周围存在的可能伤及运动中幼儿的危险物时,应及时清除,要保证场地的平整,做到没有任何障碍物或尖锐物;教师应选择场地开阔、无乱石的地方进行植树。

②教师在开展实践活动的前一天,应首先查看天气情况,最好在适宜的天气情况下组织幼儿开展实践活动,若开展的是玩雪活动应选择地面有积雪的时候开展,小雪天气也可照常进行;如果发现天气有明显的变化,或出现暴风雨雪,应提前通知保教干事等管理人员和家长们调整日期。

③教师应为幼儿准备符合安全标准的道具和工具,不应有尖锐的部分和零件脱落的现象,比如植树时给孩子用的小铁锹、锄头等都应该有防护措施,去养老院给老人进行表演时带的道具应光滑且没有尖角等,教师应尽量避免使用有安全隐患的物品;在植树前,教师应根据各小组的人数分发相应的小水桶、小铁锹、小锄头、小喷壶、小树苗。去养老院前,将每个幼儿的表演道具及相关的头饰准备齐全,以免幼儿争抢;教师应开展专题教育,提高幼儿的防患意识。

④教师应在实践前,通过故事或游戏创造相关情景让幼儿对养老院或植树活动产生兴趣,并且知道活动的流程;教师要教育幼儿参加活动要排队,一个接一个,不拥挤,不打闹,有秩序。遵守活动规则,活动过程中不能单独行动,听教师的安排;教师教育幼儿在使用道具和工具时要注意安全,不能用道具和工具进行打闹、不能指着对方的脸等。

⑤教师应对幼儿进行分组,对幼儿进行详细分工,责任到人,让幼儿能够明确自己的任务并投入到工作中去,不会因为无事可做而乱跑乱蹿。例如,在植树时,教师可以将幼儿分成刨土、放树苗、培土、浇水四组进行。

2. 后勤人员

(1) 家长开放日活动

①后勤人员应该遵守不干扰幼儿活动的原则,根据具体的活动内容划分场地供家长进行观察。

②门卫要监管好进口,只有持参与卡的人员才能入活动场地,同时也要防范幼儿自行离开,对于带幼儿离开的家长要其出示教师的准许证明。

③后勤人员应在家长开放日活动结束后,清点活动器材,整理清洁活动场地,并清除危险物品;后勤人员若发现家长遗留的物品应及时交由教师处理。

(2) 安全演习活动

①后勤人员在活动前一定要保证演习场地的平整,做到没有任何障碍物或尖锐物,没有任何高低不平等现象存在。

②后勤人员应在演习活动结束后,整理器材道具,并且进行清点,若发现破损器材应及时进行更换,清除危险因素。

(3) 庆典活动、特色活动、亲子运动会

①后勤人员根据活动的具体内容合理划分场区,例如:艺术节的优秀作品欣赏区应在场地四周,才艺展示可在场地后方搭建舞台,亲子互动可在场地中央开展,活动场地大小应与参加人数相匹配;亲子运动会的表演区空间要足够宽敞;要有单独的区域供家长观看表演;亲子活动的区域应按班划分,每个班都有自己的活动场地,并根据各自班的亲子活动内容合理规划场地,保证在活动过程中不会因场地狭小而拥挤;活动场地大小应与参加人数相匹配;后勤人员活动前检查场地是否平整、无尖锐物。

②后勤人员应在室外的活动场地设置遮拦设施,例如用黄色警戒条

在相应的活动场地做遮拦或设置相应的警告标志。后勤人员应监督舞台搭建人员按舞台搭建标准进行搭建：舞台板上面铺一层红地毯，并且以双面胶加以固定。例如：舞台角的高度是60厘米，舞台板本身的高度是10厘米；一个完整的舞台搭建后的高度是65厘米；舞台板的尺寸是宽1.22米，高2.44米；舞台区域流动载荷单体自重小于200千克时，台下结构能够承受的载荷每平方米应不超过400千克；后勤人员要检查舞台背景板是否粘贴装饰牢固；后勤人员在活动开始前要检查舞台地面是否平整或有尖锐物体。

③后勤人员应对教职工做好用电安全教育，并将电器等危险性设施放置于密封的盒子内，进行妥善保管，或者派专人看守，防止幼儿接近。

④后勤人员应在大型活动结束后，整理器材道具，进行清点并且清除危险因素；后勤人员应在清点的同时，去除损坏的器材，将完好的器材收好，以便下次活动使用。

3. 保健医生

保健医生应在举办大型活动时，设置1~2名校医以及准备急救用品。如果幼儿在大型活动中受伤，轻伤立即请校医包扎，在幼儿发生重大安全事故时采取相应的应急措施并立即送医，不得耽误。

若是园外大型活动需乘车时，保健医生应在上车半小时前给晕车的儿童服用晕车药或者其他可以减缓晕车的物品。

保健医生应时刻关注幼儿，看到幼儿有不适的情况应立刻采取措施。

4. 驾驶员

驾驶员应该提高安全意识，自觉做到不超速，行驶车速不超过每小时50公里；驾驶员要注意休息，在活动前晚上23点前必须睡觉（特殊情况例外），不开疲劳车，不酒后驾车，应按照校车座位数搭载幼儿，不得超载。

驾驶员在开车时应保持注意力集中，注意道路前方的交通情况，以及校车周边的通行情况，不能与教师交谈；驾驶员不准驾驶车辆时吸烟、饮食、闲谈或者有其他妨碍行车的行为等；驾驶员在行车中应随时注意观察各种机动车的动态，尤其注意前车的制动灯、转向灯及车速的变化，保持安全间距，视情况及时调整行车路线和行驶速度，对有可能出现的情况，做出预先估计，提前采取防范措施，确保行车安全。

驾驶员在行车中应正确选择路线，尽量避免颠簸与偏重，并尽可能保持匀速直线行驶；在一般平坦道路上，无会车和超车的情况下，应在道路中间行驶；在行驶中，应注意选择干燥、坚实、平坦的路面行驶，尽量避开路上的尖石、棱角物以及拱、坑等；行驶中遇到让车或超车等情况，应主动减速，并靠道路右侧行驶，过后再平稳地驶入道路中间。

驾驶员应进行安全培训并通过考核，持有效证件上岗，并在驾驶车辆时，须携带有效驾驶证、行驶证及有关证件。

二、校车安全预控与管理

校车是用于运送学生往返学校的交通工具。中国国务院安全生产委员会办公室在《道路交通安全"十二五"规划》中强调指出，要建立健全校车安全管理法律法规体系和安全管理制度，明确校车优先通行权，加强校车监管，保障校车安全；校车是学校重要的交通工具，关系到师生的人身安全，不可小觑。

(一)校车的危险源

1. 校车的配备

(1)校车不符合专用校车标准

【案例5】2014年11月19日上午7时许，山东省蓬莱市潮水镇未启用的烟台新机场连接路发生一起特大车祸，一辆自卸大货车与一小型面包车相撞，事故造成包括11名幼儿在内的12人死亡,3名幼儿受伤。据澎湃新闻了解，该面包车为当地潮水四村幼儿园所雇佣，不具备校车资格，核载8人，事发时载有15人，非法从事接送幼儿园学生活动已近3年。

(2)校车未配备安全锤、消防设施、行驶记录仪

(3)校车未预留急救箱安装位置、内部照明线路、足够的应急出口

(4)校车内饰有凸起毛刺等(玻璃色纸不透明和反光,地板覆盖物有尖角)

(5)非正规校车驾驶员

(6)驾驶员未进行安全培训

(7)乘坐校车前教师未对幼儿进行乘车安全教育

(8)未配有看护教师

(9)驾驶员未检查车辆、未对校车进行例常保养

2. 驾驶中出现的危险源

（1）驾驶员超速驾驶、疲劳驾驶或酒驾、超载驾驶

【案例6】2011年11月16日9时15分许，甘肃省庆阳市正宁县榆林子小博士幼儿园一辆车牌号为甘MA4975的运送幼儿的校车（核载9人、实载64人），由西向东行驶至正宁县正（宁）周（家）公路榆林子镇下沟村一组砖厂门前路段时，与由东向西行驶的号牌为陕D72231的重型自卸货车发生正面相撞，造成21人死亡（其中幼儿19人）、43人受伤。据调查分析，事故原因是甘MA4975小客车严重超员，在大雾天气下逆向超速行驶，导致事故发生。

（2）在驾驶过程中精神不集中或做与驾驶无关的事情

（3）驾驶员未与前车保持安全间距

（4）驾驶员未选择正确的行驶路线

（5）看护教师未关注到幼儿动作

3. 接送中出现的危险源

（1）看护教师未和家长做好交接工作

（2）看护教师未和带班班主任做好交接工作

（3）看护教师在幼儿下完车后未对校车进行检查

【案例7】2011年9月13日，中秋节后上学第一天。荆州市两名年龄不到4岁的幼儿，被幼儿园校车接到幼儿园门口后，竟被司机和接车老师遗忘在校车上。当日，荆州市的气温高达31℃，在校车内闷了8个小时后，两名幼儿才被发现，这时，她们早已停止了呼吸。

（4）驾驶员未在正确站点停车或未使用正确方式停车

（二）校车危险源的预控管理措施

校车的预控管理除了有相关标准规定，在运行机制上主要有四方面：幼儿园后勤准备、驾驶员具体操作、看护教师看护幼儿、教师教育幼儿。所以校车的预控管理措施为：

1. 配备校车相关标准

幼儿园如需要配备校车接送幼儿，必须经教育主管部门以及公安、交通等有关部门审批同意后，方可使用；并且需按照《专用校车安全国家标准》中幼儿校车标准进行校车的购买[71]。

幼儿园必须严格按照公安部、教育部《关于实施国家标准＜机动车运行安全技术条件＞(GB7258－2004)第2号修改单的通知》以及其他相关

文件要求配备校车,校车应满足以下条件:

(1)车辆符合校车安全国家标准,取得机动车检验合格证明,并已经在公安机关交通管理部门办理注册登记

(2)有取得校车驾驶资格的驾驶人

(3)有包括行驶线路、开行时间和停靠站点的合理可行的校车运行方案

(4)有健全的安全管理制度

(5)已经投保机动车承运人责任保险[71]

按照《校车安全管理条例》,校车在办理注册登记前必须进行安全技术检验,校车标牌应当载明本车的车牌号码、车辆的所有人、驾驶人、行驶线路、开行时间、停靠站点以及校车标牌发牌单位、有效期等事项。

2. 幼儿园后勤

校车应配备安全锤。安全锤一般长13.5厘米,宽7厘米,厚2.5厘米,颜色通常是醒目的红色,重量一般是150克,并将其安装到校车的相应位置。

乘员舱内应配备灭火器,应保证至少一个照管人员座椅附近和驾驶员座椅附近各有一只不小于2千克重的干粉灭火器。

校车应安装具有卫星定位功能的行驶记录仪,车内和车外录像监控系统,且有倒车语音提示系统。

校车内应设计至少一个急救箱的安装位置和安装支架。急救箱安装位置处应清晰标示"急救箱"或国际通用符号,并标有显眼的标志。

校车内照明应覆盖全部乘客区、车组人员区,且至少应有两条内部照明线路,当一条线路出故障时不应影响另一条线路的照明。

专用校车应只有一个乘客门并位于右侧前后轮之间。为方便撤离和车外救助,车辆的左侧、右侧应至少各有一个出口。乘客区的前半部和后半部应至少各设一个出口,后围应至少有一个出口。出口包括应急门、应急窗和顶部撤离舱口。

车内外不得有容易卡住幼儿手指的孔洞,不应存在可能致人员受伤的凸起、凹陷、尖角等缺陷。校车乘客门处应安装高、低扶手,扶手上不应存在可能致伤的凸起、毛刺。

乘客区侧窗下部至少二分之一应封闭,所有车窗玻璃的可见光透射

比应不小于50%,且不得张贴不透明和带任何镜面反光材料的色纸或隔热纸。

乘客区应采用平地板结构,除轮罩、检修口盖等的局部结构凸起外,地板上不得有台阶。

对看护教师、驾驶员进行消防安全和相关设备使用方法的培训,根据校车的特殊性,制定处置预案,定期开展演练和设备维护。

3. 驾驶员

驾驶员应具备的条件:

①取得相应准驾车型驾驶证并具有3年以上驾驶经历,年龄在25~60周岁。

②最近连续3个记分周期内没有被记满分记录。

③无致人死亡或者重伤的交通事故责任记录。

④无酒后驾驶或者醉酒驾驶机动车记录,最近1年内无驾驶客运车辆超员、超速等严重交通违法行为记录。

⑤无犯罪记录。

⑥身心健康,无传染性疾病,无癫痫、精神病等可能危及行车安全的病史,无酗酒、吸毒行为记录。

⑦驾驶员应申请取得校车驾驶资格,应当向县级或者设区的市级人民政府公安机关交通管理部门提交书面申请和证明其符合以上规定条件的材料。

驾驶员应对车辆进行保养和日常维护并做好记录,以清洁、检查为中心内容,要求附件齐全、螺栓、螺母不松、不缺,保持轮胎气压正常制动可靠、转向灵活,润滑良好、灯光喇叭正常等;驾驶员应在校车每行驶5000公里时到指定的保养厂进行全面保养。

驾驶员不能超速驾驶、疲劳驾驶或酒驾、超载驾驶,不能在驾驶过程中精神不集中或做与驾驶无关的事情;驾驶员应与前车保持安全间距、正确选择行驶路线、在正确站点停车和使用正确方式停车。

4. 看护教师

每辆校车须配备2~3名看护教师上车,应当履行下列职责:

(1)幼儿上下车时,与教师做好交接,在车下引导、指挥,维护上下车秩序。

(2)发现驾驶人无校车驾驶资格,饮酒、醉酒后驾驶,或者身体严重

不适以及校车超员等明显妨碍行车安全情形的,制止校车开行

(3)清点乘车幼儿人数,帮助、指导幼儿安全落座、系好安全带,确认车门关闭后示意驾驶人启动校车

(4)制止幼儿在校车行驶过程中离开座位等危险行为,时时刻刻关注幼儿的行为

(5)核实幼儿下车人数,确认乘车幼儿已经全部离车后本人方可离车

看护教师要掌握幼儿尤其新入园幼儿的乘车起始、终点,对家长提出的路线更换和正确建议高度重视并及时反映,以便更好地服务家长;必须携带乘车幼儿名册、家长联系册上车。看护教师必须携带手机,并保证手机放置位置能及时接听电话,不漏接电话。

看护教师必须掌握一定的安全应急知识。如遇突发事件,教师应在保证幼儿生命安全的前提下,冷静处理现场问题。如车辆情况危险,应有秩序地将幼儿转移至安全地带,并及时向幼儿园领导、相关部门打电话告知情况,并协商做出处理方案。

5. 教师

教师要通过各种途径对幼儿进行乘车安全教育,比如开展乘车情境表演,教会幼儿安全乘车,避免幼儿出现拥挤、打闹等危险行为。安全教育内容有:

(1)上下车时要排队,一个接一个,不拥挤,不打闹

(2)系安全带

(3)切不可把头和手伸出车窗外,避免会车时被车辆或被路边的树枝、广告牌等擦伤、撞伤

(4)乘车过程中尽量不要来回走动与打闹

三、食品卫生安全预控与管理

食品安全指食品无毒、无害,符合应当有的营养要求,对人体健康不造成任何急性、亚急性或者慢性危害。幼儿园的食品安全主要指的是食堂卫生、食品卫生、水源卫生、设备设施安全等方面。食品安全与儿童的身体健康有着重大的直接和间接关系。

（一）食品卫生的危险源

1. 食品采购、验收、留样中的危险源

（1）食品采购员采购渠道不正规

【案例8】2015年5月1日，湖北某幼儿园长期给400多名孩子吃霉变、过期、山寨食品，毒害天真无邪的小朋友，食堂由法人的姐姐管理，听说法人妻子是本地某局的局长，因此园方负责人不作为，摆出无所谓的态度，最终引起家长上访事件。

（2）食品采购员未查看食品外包装和保质期

（3）食品验收员未进行食品验收

（4）食品留样员未留样或留样不合格

2. 食品烹饪中的危险源

（1）炊事人员不注意个人卫生

（2）炊事人员蔬菜等清洁不彻底

（3）炊事人员厨具未严格清洗以及消毒厨具未严格清洗和消毒

（4）炊事人员食物未做熟

【案例9】2014年5月27日晚间，海口市美兰区演丰镇一幼儿园发生疑似食物中毒事件，陆续有学生家长带呕吐、腹痛及其他不适症状的儿童前往该镇卫生院就诊，就诊人数达到109人。据家长和儿童反映，一些出现疑似食物中毒症状的儿童是食用了该园食堂27日中午的葫芦瓜。

（5）炊事人员食物搭配有误

3. 水源存在的危险源

（1）生活用水不卫生

（2）饮用水不卫生

4. 厨房的危险源

（1）粗加工间不合格

（2）面点间不合格

（3）烹饪间不合格

（4）贮藏间不合格

（5）洗消间不合格

（6）更衣间不合格

5. 设备设施使用和卫生存在的危险源

（1）燃气具管理不当

(2)炊事人员操作燃气具不当

【案例10】2015年6月15日,葫芦岛幼儿园大火的险情牵动全国网友的心。葫芦岛幼儿园大火发生于上午8:50左右,葫芦岛香漫花都大地一幼儿园发生火灾,火灾发生后葫芦岛消防中心立即调集多辆消防前往救援。香漫花都大地是新建小区,听家长说由于食堂食用油引火,产生浓烟,但是没有明火。幼儿园第一时间疏通幼儿撤离,人员全部安全。

(3)炊事人员未及时清洗和检修燃气具

(4)其他炊事器械未清洁卫生

(5)其他炊事器械未安全使用

(6)炊事人员未及时检修设备设施

6. 卫生检查不到位带来的危险源

(1)厨房用具卫生检查不到位

(2)炊事人员个人卫生检查不到位

(3)厨房环境卫生检查不到位

(4)炊事人员未做好除害工作

(二)食品卫生危险源的预控管理措施

食品卫生的安全主要是后勤集团的义务范畴,针对以上的危险源提出相应的管理措施。

1. 食品采购、验收、留校中的预控管理措施

(1)采购员

采购员应到证照齐全的生产经营单位或市场采购,并现场查验产品的卫生状况、包装、标识,购买符合国家相关法律、法规规定的产品。

采购员尽可能实行定点采购,严把食品采购质量关,杜绝腐烂、变质、变味、发霉、过期等不卫生食品流入学校食堂;不采购不符合食品卫生标准、无卫生许可证的食品、蔬菜及原材料。

采购食品、蔬菜、原料等均需让供方完整填制采购回执单据;采购的食品在入库或使用前要核验所购食品与购物凭证,相符后方可入库或使用。所有采购食品必须当天逐项记入《食品采购与进货验收出入库清单》,并妥善保管索证的相关资料和验收记录,不涂改,不伪造,其保存期限不少于食品使用完毕后6个月。

在采购食品时必须查看食品保质期限,超过保质期或即将到期的食品,一律不得采购;在采购包装类食品时应注意食品的包装口有无裂缝,有无胀袋现象。

(2)验收员

验收员应每天对采购的荤蔬菜是否新鲜、是否变质、是否经过检测、是否有农药残留进行复评、复点;并检查冷冻食品、包装食品及调料是否有产地、商标、生产日期。

物料进出仓库要过秤、验收、登记,并做好收付记帐;对验收不合格的食品,应及时销毁或退货。

(3)留样员

每餐饭菜做好后,由专人负责将每种饭菜提取100～200克的样品装在留样杯中,加盖保鲜膜,贴上标签,放入冰箱(柜)中保存48小时,留样冰箱为专用设备,留样冰箱内严禁存放与留样食品无关的其他食品,并如实填写留样时期、品名、餐次、留样人。

2. 食品烹饪中的预控管理措施

(1)炊事人员的个人卫生

①炊事人员提供在有效期限内的健康证明,严格遵循炊事人员准入制度,每年必须进行体检,凡患有痢疾、伤寒、病毒性肝炎、活动性肺结核、化脓性或渗出性皮肤病者及其他有碍食品卫生的疾病,立即调离岗位,进行治疗。

②不得留长指甲、涂指甲油、戴戒指,以及面对食品打喷嚏、咳嗽,不得在加工场所吸烟和磕瓜子等,要注意口腔清洁、勤洗澡、勤剪指甲、勤理发。

③工作时必须穿上和戴上清洁的工作服和工作帽,头发梳理整齐置于帽内,带上口罩,处理食品原料或接触直接入口食品之前都将手洗干净;如厕前脱掉工作服,上完厕所后与配置食物前后,都要把手洗干净,切勿用手接触熟食。

(2)蔬菜等清洁不彻底

①应严格遵循蔬菜清洗流程:准备工作—挑摘—浸泡/清洗—清漂/清洗—装筐/保洁—清理现场。

②对有虫卵的蔬菜浸泡时,要使用2%的淡盐水,洗净后还要在清水内浸泡30分钟。

③对蔬菜、肉类、水海产品须分池清洗,禽蛋在使用前应对外壳进行清洗,必要时进行消毒处理。

(3)厨具和消毒厨具未严格清洗和消毒

①厨具使用前要严格清洗和消毒,所使用消毒剂必须符合国家卫生标准。

②用于原料、半成品、成品的刀、水池、墩、板、盆、筐、抹布以及其他工具容器必须标志明显,并做到分开使用,使用前后都要清洗,保持洁净。

③定期检查消毒设备是否正常工作,并仔细清洗。

(4)食物未做熟、做透

①加工前检查食品原料质量,变质食品不下锅、不蒸煮、不烘烤。

②食品充分加热、防止里生外熟,熟制加工的食品要烧煮透,其中温度不低于70摄氏度;油炸食品要防止外焦内生,加工后的直接入口熟食品要盛放在已经消毒过的容器或餐具内,不得使用未经消毒的餐具或容器;烘烧食品应及时调换,保证受热均匀。

(5)保健医生食物搭配有误

①了解并熟悉食物的正确搭配,遵循食物之间相生相克的规律,切忌将相克的食物放在一起。

②按照食品禁忌搭配表或者咨询营养师,正确地科学地营养地配食。

③食品添加剂的使用应严格按照国家卫生标准执行,严禁超剂量超范围使用。

3. 水源的预控管理措施

(1)生活用水不卫生

①应经市疾控中心水源水质检测合格后,方可作为供水水源。

②生活饮用水水质应符合下列基本要求:首先,生活饮用水中不得含有病原微生物、生活饮用水中化学物质不得危害人体健康、生活饮用水中放射性物质不得危害人体健康、生活饮用水的感官性状良好、生活饮用水应经消毒处理[72];其次,要加强对水源的防护,落实相应的水源保护措施,水源50米以内不许存在污染源;水井要设有井盖,加固上锁,设专人定时供水,二次供水蓄水池要加盖、加锁,溢水口要加设网罩。

(2)饮用水不卫生

①所用的净水剂和消毒剂必须符合卫生要求和有关规定;提供给师生直接饮用的桶装水必须是标有生产日期和QS认证标志的,并每月向供水方索取检验报告,以确保广大师生用上安全、放心的纯净水。

②应对师生的饮水机定期进行清洗、消毒,夏季每月一次,冬季每两

月一次,并做好定期清洗消毒记录;经常观察饮水机设施内外部的卫生和水质情况,及时消除污垢,保证师生饮用水的干净和卫生。

③保证师生饮用的开水须达到100℃,提供给幼儿直接饮用的开水应降温到60℃~70℃后存入保温桶,确保幼儿安全饮水。

④从事饮水机和二次供水蓄水池清洗消毒的人员应持有有效健康体检证明,并按清洗消毒规程操作,清洗消毒使用的消毒剂要有有效的卫生许可批件。

4. 厨房卫生的预控管理措施

（1）粗加工间

①各种食品原料不得就地堆放,清洗加工食品原料必须先检查质量,发现腐烂变质、有毒有害或其他感官性状异常,不得使用。

②分设肉类、水产类、蔬菜、原料加工洗涤区或池,并要有明显标志;加工肉类、水产类、蔬菜的操作台、用具和容器要分开使用,并要有明显标志,盛装海鲜产品的容器要专用。

③蔬菜类食品原料要按"一择二洗三切"的顺序操作,彻底地清洗干净,做到无泥沙、无杂草、无烂叶;肉类、水产品类食品原料的加工要在专用加工区或池进行,特别是肉类清洗后无血、毛、污,鱼类清洗后无鳞、鳃、内脏,活禽宰杀放血完全,去净羽毛、内脏。

④加工结束及时拖清地面、水池,加工台工具、用具容器清洗干净,定位存放;切菜机、绞肉机等机械设备用后拆开清洗干净。

⑤每日换蒸柜水,每周的周末对整个粗加工间喷洒消毒药物一次。

（2）面点间

①对面点制作原辅料必须严格检验,保证食品不变质、安全方可使用。

②将制作使用器具、盛器,食物生熟分开,定位摆放。

③所有烤车需摆放整齐,掉在地上的物料需马上处理,异常品需单独存放且挂牌标识。

④所有原料(面粉、面皮、馅料、纸杯、白框等)物料整齐地存放于塑料板或工作台面上,开封后未用完的物料下班前应进行有效的防护(加盖、扎袋、封箱等)且先里后外(当天的面皮必须全部做完,未用完的馅料应做好相应的防护放于馅料储存间,不可存放于储料槽内或成型间,储料槽须每天清洗)。

⑤工作前后应保持面点间的地面、操作台及储物柜等的清洁卫生,并定期进行消毒。

⑥制作面点前后炊事人员将刀、案板、棍棒、食品容器等清洗干净,并定期拆洗。

⑦将糕点等存放在专库或专柜内做到通风、干燥、防尘、防蝇、防鼠、防毒,含水分较多的带馅糕点存放在冰箱内,做到生熟分开保存。

⑧按规定要求正确使用食品添加剂。

⑨除炊事人员和相关监管人员不得随意出入面包间,防止细菌和污染源进入。

(3) 烹饪间

①刀、砧板、盆、抹布使用前后进行清洗消毒,食品容器不落地存放。

②不用抹布揩碗盘,滴在盘边的汤汁用消毒布揩擦;在烹饪过程中不用勺品味。

③食品必须充分加热,烧熟煮透,防止外熟内生;油炸食品要防止外焦内生,加工后的直接入口熟食品要盛放在已经消毒过的容器或餐具内,不得使用未经消毒的餐具或容器;处理隔餐隔夜熟制品时必须经充分热加工。

④严格按照《食品生产经营单位废气食用油脂管理规定》要求,收集处理废弃油脂,及时清洗抽油烟机罩。

⑤工作结束后,炊事人员要将调料加盖,并做好工具、容器、灶上灶下、地面墙面的清洁卫生工作;盛放一个餐次的密闭垃圾容器,要做到随时清理。

(4) 贮藏间

①物品入库时要防止携带潮湿的物品进入仓库,半小时后巡查一次安全情况,发现问题及时报告。

②对除冷库外的库房配备良好的通风、防潮设施。

③每天对贮藏间进行小扫除,每周进行一次大扫除,对于冰箱冷凝器、库房的地面、墙壁、天花板、货架等死角要保持卫生良好;经常擦拭货架等设备,保持货架清洁整齐,标识明确。

④冷藏柜应定期解冻、清洗,以保证制冷效果及冷柜内环境卫生、整洁;食品要摆在适当的位子。

(5) 洗消间

①必须安排在清洁、卫生、供水方便,远离厕所和其他有害污染源的

地方防止"四害"及其他有害昆虫的进入。

②流程要合理,遵循洗涤、消毒、保管程序。

③清洁卫生消毒要做到:定人、定时、定区、定质量,每天消毒,并做好记录。

④洗碗池应专用于餐具清洗,禁止在内洗涤其他物品。

⑤消毒柜应专用于餐具消毒(洗碗巾可放在臭氧格内消毒),禁止在内消毒其他物品,禁止在内消毒私人餐具;已用餐具应及时回收、清洗、消毒。

⑥所有回收入洗消间的餐具,应在1小时内清洗、消毒完毕;餐具经一洗、二刷、三清后,方可放入消毒柜进行消毒。

⑦工作人员适时检查消毒柜运转情况,确保消毒柜正常运行,详细记录消毒开始和结束时间、物品及数量;化学消毒剂应符合国家消毒产品卫生标准和要求,餐具消毒时消毒液浓度每升不得低于250毫克,餐具全部浸泡时间不低于5分钟;接触直接入口食品的餐具用蒸汽进行消毒,蒸汽消毒保持100摄氏度,不少于10分钟;煮沸、蒸汽消毒应保持温度100摄氏度,作用10分钟,煮沸消毒时餐具、工用具必须全部浸没在沸水中;采用红外线消毒的,温度应控制在120摄氏度,作用15~20分钟;采用含氯制剂消毒的,一般使用有效氯浓度每升为250毫克,作用5分钟以上,消毒时被消毒餐具、工用具必须全部浸没在消毒液中。

⑧工作台面和各池应采用不锈钢或瓷砖,要便于清洗,不易积垢,且必须在使用前后进行清洗,对于直接接触食品的加工用具、容器必须消毒。

⑨保持洗碗池周围皮塞、漏斗、下水道干净畅通,清洁用具(洗碗布、百洁布等)干净整洁无异味。

⑩清洗结束及时将地面拖净,清洁水池和相关用具,定位存放。

⑪及时清除垃圾,垃圾桶每日清洗,保持内外清洁卫生。

(6)更衣间

①每天打扫并且定期消毒更衣间,特别是角落处、衣柜内等易滋生细菌的地方,以免炊事人员将细菌带入厨房。

②定期清洗工作衣物,帽子,口罩等物品。

③进入更衣间前保持清洁,应在更衣间内穿上和戴上清洁的工作服和工作帽,头发梳理整齐置于帽内,带上口罩。

④如厕前应进入更衣间脱掉工作服,上完厕所后与配置食物前后,都要把手洗干净,再次进入更衣间要更换工作服。

5. 设备设施使用和卫生预控管理措施

(1)燃气具管理不当

①上班前,先要打开灶具间开窗通风,然后打开排风扇,确定无液化气泄漏时,再点火与开灶。

②要严格遵守规章制度与操作规程,每季度对燃气管道及燃气具进行安全检查,发现损坏、锈蚀立即采取报修和防护措施,并及时上报后勤办公室直至隐患消除。

③应设专门当班安全员,负责燃气的当日监管工作;燃气具必须由专职操作人员使用,与工作无关的人员,不得操作。

④在煤气主管道设有明显标志(标明何时开始使用),不准在上面拉绳挂物,不准在其周围堆物挖坑;灶具贴墙放置时,须离墙1米;胶管严禁封闭,便于检查,煤气罐和灶具要保持1米以上距离;灶具周围严禁摆放易燃易爆、腐蚀性物品。

⑤检查漏气禁止用鼻子嗅或明火试,应采用报警器、肥皂水的方法;若有不安全的因素,如发现液化气燃烧产生黄色火焰,锅底积碳(发黑)等不正常等要立即排除或报告总务室与有关抢修部门联系。

⑥下班时要关好门窗,电灯、液化气总开关阀,防止意外事故发生。

(2)炊事人员操作燃气具不当

①上岗前应由后勤部门对炊事人员进行燃气安全操作培训,做到"二知三会":一知,燃气安全使用规定;二知,燃气具构造;一会,燃气安全操作使用;二会,保养维修燃气具;三会,发现隐患,处理意外险情。

②严格按照操作程序使用燃气具,先点火后开气,注意观察燃烧情况;用毕后,先关灶前阀,待火焰熄灭后,再关闭灶具阀,最后关闭表前阀。

③液化气供应中断时,应及时关闭灶具与液化气总阀;当煤气泄漏时,用湿毛巾堵住口鼻,关闭所有阀门,熄灭一切火种,开窗通风。

(3)炊事人员未及时清洗和检修燃气具

①每日清洗燃气具,对所排出的污油应适当处理,避免因积油、积污过多而引起火灾事故。

②应保证燃气操作间保持良好的通风,发现燃气外泄时,要采取应急措施,开窗、开排风扇,加大通风量,严禁吸烟、开灯、动火。

③每日班前、班后燃气使用部门要对燃气操作间进行安全检查、交接,并保留一个月的文字交接记录。

(4)其他炊事器械未进行卫生清洁

①在使用炊事器械前后应保持器械的卫生。

②定期对设施设备清理并消毒。

(5)其他炊事器械操作不当

①使用前,应保持手干燥;完毕后及时关闭电源,对设备进行清理;严禁用水冲洗电器,防止触电和损坏电机。

②使用和面机、土豆去皮机、压面机、馒头机、绞肉机、切片机、电烤箱、冷餐柜、消毒柜、电饼铛、天然气蒸箱、打蛋机、拌面机等炊事器械时应参照相关的操作规程。

(6)炊事人员未及时检修设备设施

①定期检查厨房的设备设施,看设备是否存在漏电、接触不良、老化等危险隐患,若存在问题应及时拿去相关部门检修,不得继续使用。

②定期对设备设施进行安全检查、交接,并保留文字交接记录。

6.卫生检查不到位带来的危险源

(1)厨房用具卫生检查不到位

①检查炊事人员在使用前后是否对抹布、碗筷、盆及其他炊事用具进行清洗和消毒,若发现有食物残渣应立刻令其剔除干净,以免滋生细菌。

②第二,检查餐具、厨具是否定位定点摆放整齐清理干净、无油垢且明亮。

(2)炊事人员个人卫生检查不到位

①检查炊事人员的仪容仪表(工服、工鞋、指甲、头发、口罩等),禁止佩戴首饰、留有长指甲、涂指甲油。

②检查炊事人员身体健康(感冒、体温、手伤、腹泻、睡眠不足等)情况是否合格上岗,健康证是否在有效期内,若发现不符合的应立即调离岗位,进行治疗。

③检查炊事人员在处理食品原料或接触直接入口食品之前是否都将手洗干净,是否有面对食品打喷嚏、咳嗽、吸烟和磕瓜子等现象;检查炊事人员的个人物品(水杯、饭盆、手机等)是否存放在指定区域内。

(3)厨房环境卫生检查不到位

①检查粗加工间、面点间等卫生打扫状况,特别注意打扫工作厨台及

厨柜下内侧及厨房死角。

②应明了具体的环境卫生要求：食堂清洁卫生，无垃圾，无积水，无污垢，墙脚、屋顶、屋脚无蜘蛛网，洗碗池无沉渣，下水道通畅无阻，抽油烟机无油垢，垃圾桶盖盖好并定时清理，在具体检查过程中按着这些要求进行。

③检查炊事人员的工作衣物是否干净整洁并定期清洗。

(4)炊事人员未做好除害工作

①操作间及库房门设立高50厘米、表面光滑、门框及底部严密的防鼠板；设置纱门、纱窗或门帘、金属防鼠板、防鼠隔栅等防害设施。

②定期对厨房进行检查，发现鼠洞、蟑螂滋生穴应即时投药、清理，并用硬质材料进行封堵。

③由专人按照规定的使用方法使用杀虫剂，使用杀虫剂时不得污染食品、食品接触面及包装材料。

④使用后应将所有设备、工具及容器彻底清洗。

四、用电预控与管理

随着信息化时代的到来，人们物质、精神生活极大的丰富，学校教学媒体也在不断的增加与更新，新的教学媒体在带给幼儿园教学环境便利的同时，也带来了一些用电方面的安全事故。安全用电是学校安全工作的重要组成部分，因此，我们必须要明确学校用电中的危险源，并根据相应的危险源制定相应的预控管理措施，从而达到学校健康持续发展的目的。

(一)用电中的危险源

1. 消防相关设施、场地的准备

(1)幼儿园内教室、寝室、办公室、食堂及其他公共场所的照明及生活设施的电闸或开关出现有裸露电源现象，可能会导致幼儿及教职工触电

(2)电器没有安装漏电保护器，导致火灾、触电事故

(3)教职工私拉乱接电源插座或拉线，导致用电隐患，引发火灾、触电事故

(4)电源线、电源插头及插座不合格，容易造成火灾

(5)后勤人员未在电闸、开关等危险物处设有安全用电标志,容易造成火灾

(6)幼儿园未对教职工进行安全用电教育,容易导致用电故障,造成火灾

2. 电器的使用

(1)教职工在幼儿园内使用热得快(取热器),容易引发火灾

(2)教职工在电源装置上放置易燃物品,容易引发火灾

(3)教职工在离开时未关闭电源,容易引发火灾

(4)教职工湿手触摸电器,容易引发火灾

(5)幼儿摆弄电器设备,容易造成幼儿触电

(6)未及时更换老化电源线和设施,容易引发火灾和触电事故

(7)教职工未及时报修损坏电器,容易引发火灾和触电事故

(8)幼儿用硬物特别是金属物抠插座插孔,容易引发火灾和触电事故

(9)超负荷大功率用电,容易引发短路、火灾和触电事故

3. 电器、电路的检修、清洁

(1)后勤维修人员未定期对线路进行检修,线路容易老化引发火灾

(2)后勤人员用水冲洗或用湿布擦拭电气设施,发生短路和触电事故

(二)用电危险源的预控管理措施

幼儿园教育,安全第一,因此就必须做好园所安全用电的预控管理措施,及时发现园中存在的用电安全隐患,借助现代信息化的用电网络进行电源的科学化管理,在实际的日常教学活动中对幼儿园的教师进行及时培训,提高其安全用电意识,与此同时,教师在提升幼儿安全用电意识的同时,需加强对幼儿日常活动的监管与控制,保证幼儿的生命健康。做好幼儿园安全用电的管理工作具体措施如下:

1. 幼儿园园长应根据具体情况制订相应的用电安全规程及岗位责任制

用电单位除应遵守本标准的规定外,还应根据具体情况制订相应的用电安全规程及岗位责任制[73]。幼儿园应根据本园的房屋建筑、用电设施、用电布局、紧急状况处理等情况制定相应的用电安全规程,以做到学校能够安全用电,让电力在提升人民生活质量的同时,保障每位用电人员

的安全。同时对于不同的区域、不同的领域要安排专人进行管理,只有实行岗位责任制,才能保证每处有人管,出问题有人解决,从而更好地帮助教育教学活动的开展。

2. 后勤人员购买符合规格的安全用电产品

幼儿园中的教学、生活用品都是由采购人员进行采购的,后勤人员在购买时应选择正规商场、超市或专卖店,选择品牌产品,并在购买后开具发票;后勤人员在采购电源线、电源插头及插座等电源产品时,应根据国家监督检验检疫总局和国家认证认可监督管理委员会制定的《强制性产品认证管理规定》进行购买,即电源线、电源插头及插座需标志齐全,有CCC认证标志,认证标志的式样由基本图案、认证种类标注组成,基本图案如下图:

图 5.1　CCC 认证标志

基本图案中"CCC"为"中国强制性认证"的英文名称"China Compulsory Certification"的英文缩写[74];电源线、电源插头及插座应具有合格证及法定部门出具的检验合格报告;后勤人员应根据使用电器的功率选择相应(匹配)的产品。

3. 后勤人员应根据要求安装和摆放用电产品

幼儿园所有用电设备在安装、使用和撤除过程中都要指定专业人负责,严禁教职工私自操作。首先应根据保护范围、人身设备安全和环境要求确定漏电保护器的电源电压、工作电流、漏电电流及动作时间等参数;其次幼儿园的供电系统必须安装漏电保护装置,所使用的电源插座应为安全型,并安装在幼儿不能触及的位置,电源插座应放置于密封的保护盒中,"潮湿场所采用密封型并带保护地线触头的保护型插座,安装高度不低于 1.5 米,当不采用安全型插座时,托儿所、幼儿园及小学等儿童活动场所安装高度不小于 1.8 米"[6];最后后勤人员应在电器、电源插座旁设置安全用电标志：红色，用来标志禁止、停止的信息，遇到红色标志，应该严禁触摸；黄色，用来标志注意危险。如"当心触电"、"注意安全"等，并且后勤人员应将安全标志设置的高度符合幼儿的身高特点。

4. 提升教师、幼儿的安全用电意识

首先，教职工在使用电器前，应进行安全用电教育培训，提高用电安全知识，掌握正确使用电器的方法；其次，各班教师负责做好幼儿的用电安全宣传教育工作，严禁幼儿玩火、玩电以及其他易燃、易爆物品，并严把入园关，严禁幼儿带危险物品上幼儿园；各班的教师负责做好对家长的用电安全宣传工作，严禁家长在幼儿园内吸烟，或给幼儿购买易燃易爆的物品；最后，教职工在园内各处，不得私拉乱接电源插座或拉线，确因教学、生活需要而加设电源插座或拉线，必须经园长同意，由专业电工规范操作。

5. 检修人员做好安全用电的巡逻和修检

幼儿园需配备一定的专业电源检修人员，定期对电器设备、线路进行检查，发现老化、破损、绝缘不良等不安全隐患情况，要及时进行排查、维修，严禁超负荷运行使用。存在问题而自己却没有专业电工的情况，可以委托供电公司专业人员进行定期检查与维护，做到防患于未然。

五、园舍预控与管理

园舍作为幼儿一日在园的活动场所，大到建园时的选址，小到幼儿园的一草一木，无一不影响着幼儿的学习和生活。园舍作为幼儿在园生活的基本物质条件，幼儿园设计应考虑幼儿身体、心理、能力特点，适合幼儿生活使用，确保幼儿身心健康。

园舍应根据各地区的气候和地域特点，经济技术发展情况，因地制宜地进行设计。幼儿园用地应满足幼儿需求，设置建筑用地、室外活动用地、绿化用地、广场和道路用地。幼儿园建筑造型及环境设计应结合地域特点、民族生活习俗、设计得体、朴实、简洁、大方，富有儿童气息、受儿童喜欢。在园舍的建筑和使用过程中应贯彻"安全第一"的原则，必须保证园内每一个场所的环境安全，保证在园内生活、活动每一个环节的环境安全，在遭到意外灾害时，园舍的建筑和设施应具有抵御灾害的能力，并且能够使园内幼儿安全、迅速地脱离危险场所。

(一)园舍中的危险源

1. 选址

(1)基地的选择不合适

园舍基地选择在有严重污染的工厂附近、闹市区、高层附近等,易引发幼儿传染病、精神涣散、磕碰伤等。

【案例10】2014年12月8日,西安市一家幼儿园建在废墟上,该园不但没有办学资质,属于无证幼儿园,而且土门街办于今年9月下发停园通知书,但未能奏效。土门街办和莲湖区教育局称,接下来会联合执法处理此事。

(2)总平面设计不合理

园舍的总平面设计没有专家或相关部门的审核,各场地布局设计不合理,私自建造,忽视幼儿的身心发展。未结合当地的经济发展水平、政治和文化等各方面建造高标准不切实际或者过时的园舍,不能满足人民群众对于幼儿园的需求。

2. 幼儿园用地

(1)园舍占地面积分配不合理

园舍占地面积分配不合理,可能出现资源浪费或不足造成幼儿园各项活动的开展困难。

【案例11】在广州天河区某小区,集中了大量的早教机构和校外培训机构。有的早教或培训机构也同时承担着幼儿托管的职能,特别是在寒暑假,正规幼儿园放假,一些工薪阶层的孩子无人看管,家长普遍送至这些承担临时幼儿园角色的地方。记者看到其中一个幼儿英语培训机构,在一栋商用楼租用了若干房间,一边做幼儿英语培训,一边做托管。小孩午睡室在一个狭小的房间,甚至没有窗户,简易的床铺不用时层层堆放在墙边。

"黑园"存在多种安全隐患,建筑安全、交通安全、食品安全、消防安全等,国家相关部门应加强对幼儿园的监管。

(2)绿化不达标

园舍绿化不达标,易导致幼儿园内缺乏生机,不利于幼儿身心健康。

(3)道路规划不合理

园舍道路规划不合理,易导致幼儿、车辆混行引发交通事故给幼儿带来人身伤害。

3.园舍建设

(1)安排的园舍用房不够,幼儿生活空间狭小、拥挤,不利于幼儿身心健康发展

(2)园舍用房空间设计不适合幼儿身心发展特点,可能造成幼儿使用不便,出现拥挤、磕碰伤等

(3)采光、通风不合理,幼儿得不到充足的日光照射,影响幼儿的生长发育

(4)教职工私自改建房屋,可能导致房屋承重出现问题,房屋倒塌

【案例12】2014年12月13日下午4时许,河北省永清县某幼儿园发生教室坍塌事故。事故共造成3名儿童死亡,1名儿童轻微伤、2名儿童受惊吓。据通报,春蕾幼儿园经县教育局审批、民办建园,建筑面积680平方米,均为平房。主要招收周边村街3周岁以上学前儿童,现有在校生190人(高峰期260人),教职工9人(高峰期19人)。法人代表兼园长郑冬梅,49岁,原籍刘街乡徐街村人。为满足家长要求,该园周一至周六为在园时间,上午8:00入园,下午4:00离园。据了解,发生坍塌的两间教室,为该园今年8月份私自扩大规模,将原村委会办公用房租赁改造用于教学的房屋

(5)门的安装不规范,易使幼儿进出的时候挤到手或造成磕碰伤

(6)窗的安装不规范,易导致砸伤幼儿,或幼儿极易攀爬窗台导致摔伤

(7)缺少护栏或护栏安装的不规范,易导致幼儿不慎跌落、摔伤

(8)楼梯设计不合理,易导致幼儿在上下楼梯的过程中摔伤

(9)门厅及走廊宽度过小,易导致幼儿在上下学人流高峰期拥挤,产生磕碰伤或踩踏

(10)地面材料不合适,易导致幼儿滑倒、摔伤

(11)墙面不干净,可能使幼儿的手沾上墙粉等不干净的东西,误将手放入口中,进而引发身体不适

(12)未根据幼儿身心特点对卫生间装置进行安装,幼儿使用不便可能导致摔伤

(13)厨房配备不标准,易导致食物存在卫生、火灾等安全隐患

(14)给水排水系统安装位置不合理或材料不合格,易导致幼儿攀爬摔伤或排水管破裂,淋湿幼儿等危害幼儿身心健康

（15）用电系统安装不规范,易导致幼儿触电

（16）缺少监管设施,易导致幼儿园发生火灾、暴力、幼儿走失等意外情况时不能及时发现,延误时机

（二）园舍危险源的预控管理措施

幼儿园是保教合一的特殊学校,幼儿的安全也被幼儿园看成是工作的重中之重。园舍安全是幼儿园风险预控的重要组成部分,园舍安全必须从幼儿园建设之初就把各种不利于幼儿的影响因素排除在外,在建园过程中工程负责人和当地教育管理部门要结合《托儿所、幼儿园建筑设计规范》进行施工。在园舍各种设备设施配备的过程中严格遵守《幼儿园玩教具配备标准》,购买符合安全要求、利于幼儿身心发展的设备设施。在日常生活中,借助科学的管理,对幼儿园教师以及专门负责后勤维修人员进行园舍安全的培训,提高安全意识。加强在日常生活中的监管与控制,保障幼儿的身心健康发展。做好幼儿园园舍安全的管理工作具体措施如下：

1. 选址中的预控管理措施

园舍基地选择,应符合当地总体规划和有关规范的要求。幼儿园建筑必须建在安全地带,严禁置于有自然地质灾害发生可能性地带,严禁与有传染、污染的建筑物及其场所毗邻,不应与公共娱乐场所、商场等闹市区毗邻,园舍应选择在交通便利、家长接送方便的位置。对于园舍选址安全,不同的人有不同的责任,相关人员都应担负自己的责任。

园舍建筑工程负责人要选择符合当地政治、经济、文化等发展水平并利于幼儿生活的地址进行施工,园舍工程师应结合国家关于幼儿园建筑的相关文件,严格审核幼儿园的总平面设计,确保设计合理并考虑到幼儿园特征及房屋建造的要求,建造符合各项标准的幼儿园。

在园舍的建造过程中,工程负责人应结合幼儿园教育专家的意见建设布局合理、功能分区明确、方便管理、节约用地、符合幼儿思维、心理特点的空间环境。具体的建筑标准严格参考《托儿所、幼儿园建筑设计规范》。

2. 幼儿园用地安全的预控管理措施

幼儿园用地包括建筑用地、室外活动用地、绿化用地、广场和道路用地,各项用地占地面积应严格遵守建筑标准,保障幼儿在园的生活需求。幼儿人均占地面积不低于 15 平方米;室外活动场地面积幼儿人均不低于 4 平方米;活动场地应设置游戏场地、活动器械场地、30 米直跑道、沙池、

戏水池、种植园地及饲养区等；绿化用地面积幼儿人均不低于2平方米，包括集中绿地、种植园地和房前屋后、道路两侧的零星绿地面积，绿地覆盖率不低于35%。园舍的绿化建设要结合当地的气候特点尽可能绿化、美化合一。幼儿园相应的交通既要满足家长接送的便利，还要充分考虑幼儿的身心特点，在保障接送便利的同时，尽可能提供相对安全的环境。在必要地方设置幼儿安全疏散通道，以便事故发生时采取应急措施。

3. 园舍建设安全的预控管理措施

"麻雀虽小五脏俱全"，幼儿园虽小但安全绝非小事。从幼儿园建筑工程师、当地教育局相关负责人、幼儿园园长再到幼儿园教师以及专门负责幼儿园后勤的人员，都把园舍建设安全作为幼儿园的大事。园舍建设安全包括建设中的合理规划和完工后的投入使用及日常维护。

建设中的合理规划，合理安排幼儿园的各项用房。第一，生活用房：幼儿活动单元（包括活动室、寝室、卫生间、衣帽贮藏间），公共活动用房（幼儿特别教学活动使用的空间，包括图书室、美工室、科学发现室、建构游戏室等），多功能厅（是幼儿园在室内进行大型集体活动的多功能使用场所，可供召开家长会，全园职工开会等活动使用）。第二，服务用房：是对外联系，对内为幼儿的保健和教育服务的房间，包括警卫室、收发室、晨检室、财务室、办公室、会议室、医务室、隔离室、储藏室等。第三，供应用房：是保障幼儿园人员饮食、饮水、洗衣、后勤服务使用的房间，包括厨房、开水间、消毒间、洗衣房、锅炉房、变电所等。全日制托儿所幼儿园的活动室与寝室宜合并设置。幼儿园建筑工程师对用房布置应功能分区明确，避免相互干扰，方便使用管理，有利于交通疏散。严禁将幼儿生活用房设在地下室或半地下室；幼儿园建筑工程师应根据幼儿园所需用房及幼儿园拟招生人数进行设计，在完成幼儿园设计工作之后要仔细检查，设计完成后要找专家审核，通过审核之后再开始幼儿园的建设工程。各功能区的设计应严格遵守《托儿所、幼儿园建筑设计规范》对于空间大小、采光等的要求与管理。

完工后的投入使用以及日常维护。幼儿园的设备设施从门窗、护栏、楼梯、门厅走廊、地面材料等都应考虑材料的安全和幼儿的身心特点，严格按照国家现有的标准执行。园舍内还应建立监管制度，一旦出现问题及时采取措施。幼儿园室外大门、建筑物出入口、室内楼梯间、走廊等应设置视频安防监控系统；幼儿园周边设置入侵报警系统、电子巡查系统，厨房、重要机房设置入侵报警系统;后勤人员使用的应急照明、火灾自动报警系统设计、防雷与接地设计、供配电系统设计等应符合现行国家有关规范的规定;后勤人员对安全防范系统应正确、规范安装,使安全防范系统不会因电线固定不合理等问题而影响幼儿园各项工作进行,还要确保监控区域无盲区;后勤人员还应做好对安全防护系统的检查与日常维护工作,如有损坏的摄像头及时更换、对机器的灰尘及时清理等。

  在幼儿园的发展以及日常维护中,幼儿园负责人要根据需要并遵守规定进行改建或扩建,严禁私自改建房屋,以防房屋坍塌事故的发生。还应注意的是及时检查、检修以排除安全隐患,保障幼儿的生命安全。

第六章 幼儿园事故与应急管理

学前儿童的生命力相对于成人来讲是比较脆弱的,极易受到外界的伤害,加之幼儿自身安全意识不够,很容易受伤。幼儿园任何程度上的一次事故都会对幼儿产生重大的伤害。做好幼儿园可能发生事故的预防管理以及事故发生后的紧急应对工作,对保障幼儿生命安全、减少危害具有至关重要的作用。本章主要讲述幼儿园内常见的三种事故类型(伤害事故、突发事故以及自然灾害)的预防管理措施以及事故发生后的应急措施。

一、伤害事故的应急管理

伤害事故主要是指易造成死亡、疾病、损坏或其他损失的意外情况。幼儿园伤害事故主要是指幼儿在幼儿园期间的人身伤害事故。

学龄前儿童的年龄段是3~6岁,这一年龄段的儿童感知觉能力、平衡能力以及动作协调能力都得到了很大的发展,自主性大大增强。学龄前儿童这一阶段身体发展的特点使儿童的活动范围、活动方式都发生了巨大的变化。在幼儿园这一范围内,儿童的活动范围会遍及幼儿园各个角落;活动方式由相对安静的方式逐渐变为追逐、打闹等大动作的活动。此外,儿童天生活泼好动,好奇心强,几乎幼儿园内的所有事物都会激发儿童的探索欲望,但在探索的同时又带有很多的冲动性,这些都十分容易使幼儿受到伤害。

幼儿园的常见伤害事故主要包括:摔伤、磕碰伤、烫伤、死亡、心理伤害等。造成这些伤害事故的成因类型主要有三方面:因设备设施不符合标准而导致幼儿挂伤、摔伤、死亡;因教师保育员失职对幼儿身心造成的损害;因医务人员的疏忽而造成幼儿身体的伤害等。幼儿园伤害事故的预防管理措施主要有以下几个方面:

(一)设施设备类伤害事故

幼儿园设施设备类伤害事故具体是指因为幼儿园的设施设备疏于检查、维修、更换,或自身存在安全隐患而导致幼儿发生伤害事故。

【案例1】某市小博士幼儿园的小朋友们正在教室内跟老师学唱歌,

忽然"啪"的一声响,接着一小朋友嚎啕大哭起来。原来教室房顶上的一支日光灯管突然脱落,砸在该幼儿的头部,然后又弹落到地上炸裂。被砸的幼儿头部受伤出血。最后查明原因发现是因为此教室的灯管已经使用两年了,从来没有人去检查维修,最终导致此次事故的发生。

1. 预控管理措施

教育主管部门应加强对幼儿园教育、教学和生活设施、设备以及场地、房屋和设备的安全验收检查,发现隐患立即整改;幼儿园应当建立安全防护制度,严禁在幼儿园内设置危及幼儿安全的危险建筑物和设施,严禁使用有毒、有害物质制作教具和玩具;当发现幼儿园的电源开关、插座老化,桌椅板凳有松动等设施设备有可能发生危险时,举办幼儿园的单位或个人应当及时采取措施,排除险情,防止事故发生;幼儿园建立相应的设施设备安全防护制度,分责到个人,增加全员教职工的安全意识;幼儿在玩教具,特别是玩大型玩具的过程中,一定要有教师在现场看护,值班教师不得擅自离岗,一旦发现儿童作出危险性动作,要立即制止。

2. 应急措施

幼儿园设施设备方面的伤害事故主要是造成幼儿刮伤、割伤、摔伤、烫伤,此类伤害事故发生后的应急措施主要包括:

对于受伤害程度轻的幼儿,教师或保健医应立即对其进行伤口处理、包扎,并安抚幼儿情绪;对于受伤较严重的幼儿,要立即送往附近医院进行救治,并立即通知幼儿家长,告知其具体情况。同时及时上报园领导,听从园领导的指挥安排;迅速调查事故原因,及时消除事故隐患,对于造成幼儿受伤的设施设备要立即修理、更换或拆除,并设立警示标志,防止其他幼儿继续受伤;妥善处理事故,明确事故责任人,按照相关规定进行赔偿,同时努力得到受伤幼儿家长的原谅。

(二)幼儿身心伤害事故

1. 预控管理措施

在幼儿园中,造成幼儿身心伤害事故的主要原因来自于教师和保育员的失职,教师或保育员对幼儿的辱骂、体罚等行为都可能使幼儿的身心受到伤害。此类事故的预控管理以及应急措施主要包括:

幼儿园应颁布条令,严禁体罚和变相体罚幼儿,尊重、爱护幼儿。严禁虐待、歧视、体罚和变相体罚、侮辱幼儿人格等损害幼儿身心健康的行为;对于教师体罚或变相体罚幼儿的,视情节严重程度,给予警告、罚款的处罚,情节严重,构成犯罪的由司法机关依法追究刑事责任;园长应对教师进行专业培训,监督和抽查教师的方法和内容是否有违背教育规律,损害幼儿身心健康的。若发现要及时制止、整改,并对教师批评教育;保育员应当接受过幼儿保健职业的培训,获得保育员证后方能上岗;细化幼儿园保教人员的考评制度,定期考核他们的安全防范成效,增强保教人员的责任心;园长要做好园内教职工的心理疏导和同事关系的疏导工作。一旦发现有精神病症状、行为过激的工作人员,应加强对其关心,劝其在家休养治疗[76]。

2. 应急措施

对于造成身体伤害的幼儿要视受伤轻重对其进行简单包扎或送往医院进行治疗,并对幼儿进行安慰,同时及时通知幼儿家长,告知具体情况;对于造成幼儿心理伤害的事故,要对幼儿进行适当的心理治疗,帮助他们尽快摆脱心理阴影;幼儿园组成事故调查小组,查清事故情况,分清事故责任人,并对责任教师按规定进行处罚;对于体罚造成幼儿身体受伤的(轻度、重度受伤或死亡)要报警,幼儿园要协助公安机关调查,查清事故缘由,构成故意伤害罪的,教师要承担相应的民事责任或刑事责任;调查清楚事故原因,及时向受伤孩子家长解释清楚,并对其进行合理的补偿,争取家长的谅解,尽快消除不良影响。

(三)医务人员造成的幼儿伤害事故

幼儿园的医务人员承担着保证全员幼儿身体健康的职责,喂药、消毒等是医务人员基本的义务,喂错药、未妥善管理医疗器械等这些失职行为都会造成幼儿伤害事故。

1. 预控管理措施

幼儿园应该聘任具有医师资格证明的医生作为保健医生,幼儿园医务人员应该按照国家相关规定和程序获得医师资格,具备相应的技能方能上岗;幼儿园保健医生必须认真按照卫生部门颁布的《托儿所、幼儿园卫生保健制度》以及其他监管卫生保健的法规、规章和制度做好幼儿生理和心理卫生保健的工作;保健医生应妥善管理医疗器械和药品,禁止幼随意进入保健室,擅自拿玩医疗器械和药品;保健医生应做好晨检工作和患病幼儿的诊断工作;保健医生应认真执行喂药制度,在给幼儿喂药前应当再次核对幼儿的姓名、药品的名称、用途及剂量,防止喂错药物等事件的发生;保健医生应定期接受培训,提升自身职业水平,保证全园幼儿身体健康;幼儿园的保健室应到正规的药店采购药品,杜绝假冒伪劣药品进入幼儿园,同时保健医生应该妥善管理药物,定期检查,严禁使用过期及变质的药品。

2. 应急措施

发生保健医生给幼儿喂错药事故后,要立马把幼儿送往附近医院检查治疗,同时及时报告幼儿园领导,并及时通知幼儿家长向其说明情况;幼儿擅自玩耍医疗器械导致受伤的,幼儿园要及时给孩子处理伤口,受伤严重的立即送往附近医院救治。同时拿走"凶器"防止其他幼儿再受伤;认真调查事故原因,明确事故责任人;联系保险公司,对受伤幼儿进行经济补偿和心理安慰,努力争取家长的原谅,尽快消除不良影响。

二、突发事故的应急管理

突发事故是指突然发生、造成或可能造成严重社会危害,需要采取紧急处置措施予以应对的事故。幼儿园突发事故主要是指幼儿、教师在园内教育活动、学习生活中由于意外受到重大的环境污染、食物中毒以及人为因素的侵扰而引起的影响幼儿、教职员工身体健康与安全的急性事件。幼儿园突发事故主要包括火灾事故、集体食物中毒事故、集体活动中的相互挤压事故,来自园内外的袭击、伤害事故,感染性、季节性、爆发性疾病等。幼儿园突发事故的应急管理措施主要包括一下几个方面:

（一）幼儿园火灾事故的预控管理措施

在时间和空间上失去控制的燃烧所造成的灾害叫做火灾。火灾是最经常、最普遍威胁公众安全和社会发展的主要灾害之一。幼儿园作为幼儿生活和学习的公共区域,一旦发生火灾就会对幼儿的生命安全带来极大的危害,因此应该做好幼儿园火灾事故的预防安全工作,防止火灾事故的发生。

【案例2】2012年5月27日零时,汝城濠头乡粮站对面的蓝天幼儿园发生特大火灾事故,虽然火灾发生后消防人员立即赶到,全力扑救,但是最后此次火灾事故还是造成两名幼儿死亡,三名幼儿受伤。事故发生后,警方经过调查初步确定造成此次事故的原因是幼儿园教师夜间点蚊香引燃了易燃物所致。

1. 幼儿园火灾事故的预控管理措施

(1)要建立完善的火灾事故隐患检查制度

①幼儿园内严禁使用老化电线,杜绝超负荷使用而导致电路短路现象。

②幼儿园内的易燃易爆物品要有专人负责,并放在幼儿够不着的地方。

③幼儿园应定期对消防器材进行维修保养,发现损坏、老旧的消防器材要及时更换。

④要时刻保证安全出口、疏散通道的畅通,安全疏散指示标志、以及照明等要保证完好无损。

(2)增强防火责任心,提高自救能力

园长作为第一责任人全面负责,制定防火制度,责任到人,提高全体员工的防火责任心。加强所有人员的火灾安全意识,宣传防火灾知识,如:幼儿园内严禁吸烟,所有工作人员应该掌握灭火器的使用方法。幼儿园应该每日进行防火巡查,同时也要加强夜间防火巡查。此外还要加强对幼儿的防火安全教育,定期进行火灾逃生演练,提高幼儿的自救能力[77]。

(3)建筑材料,装修设计应符合国家标准

幼儿园建筑防火设计要符合本园规范要求外,还应执行国家现行的防火设计规范,采用不燃或难以燃烧的材料。幼儿园进行室内装修要遵循《室内装修设计防护规范》的规定。

2. 幼儿园火灾发生后的应急措施

幼儿园发生火灾后要立即发出警报,停止一切教学活动,所有人员参与到火灾救援工作中。带班教师带领本班幼儿有序撤离,教师要确保全部幼儿已安全撤离后,才能离开。撤离到安全地带后,教师要维护好现场秩序,并稳定好幼儿的情绪。

工作时间发生火灾时,发现者除立即拨打119、110、120报警之外,还应该迅速报告园领导;园领导立即指挥关闭园内的一切电源和火源。在夜间发生火灾时,发现者要大声呼救,立即拨打119、110报警电话,并报告园领导。

火灾中受伤的幼儿和教职员工,要及时进行包扎、救治,伤势严重的要送往附近医院治疗。同时尽快通知受伤幼儿家长,向其说明情况;幼儿园应立即组成事故调查小组,尽快查明事故原因,弄清事故责任人等,妥善处理事故的善后工作。

(二)幼儿园群体性食物中毒事故的预控管理措施

群体性食物中毒是指一群人集体食用了被病菌污染的食物、本身有毒的食物等引起的疾病。幼儿体质较弱,食用不健康的食物后极易发生食物中毒,因此幼儿园必须严把食品质量关,提供给幼儿健康安全的食品。

【案例3】据新华社报道,银川市某中心幼儿园因食堂卫生问题,导致该园182名儿童出现细菌性痢疾暴发。这一卫生安全事件发生后,卫生部在认定幼儿园承担主要责任的同时,对银川市金凤区卫生监督所监督不力的问题进行了全国通报批评,并建议当地卫生行政部门追究其主要责任人员的失职责任。

1. 幼儿园集体性食物中毒的预控管理措施

(1)幼儿园应严格监控食物的采购、加工过程,保证提供给幼儿安全健康的食物

①幼儿园应到证照齐全的生产经营单位或市场采购,严把食品采购质量关,杜绝腐烂、变质、变味、发霉、过期、农药残留超标等不卫生食品流入学校食堂。幼儿园要保证所用食品原料的新鲜和安全。

②蔬菜类食品原料要按"一择二洗三切"的顺序操作,彻底地清洗干净,做到无泥沙、无杂草、无烂叶。肉类、水产品类食品原料的加工要在专用加工区或加工池进行。

③后勤主任/后勤副园长应对炊事人员进行定期培训,增强后厨人员

的安全意识保证熟制加工的食品要烧熟煮透,其中温度不低于70摄氏度。油炸食品要防止外焦内生,加工后直接入口熟食品要盛放在已经消毒过的容器或餐具内,不得使用未经消毒的餐具或容器;烘烤食品受热均匀。幼儿园负责人要定期进行监督检查,至少2天检查1次,保证炊事人员严格执行管理标准,发现违规行为要对其进行批评教育,如若造成幼儿中毒则进行警告和处罚。

④园长要加强对炊事人员的有关食品禁忌搭配和科学营养食品搭配知识的培训和指导,炊事人员了解并熟悉食物的正确搭配,遵循食物之间相生相克的规律,切忌将相克的食物放在一起。按照食品禁忌搭配表或者咨询营养师,正确、科学、营养地配食;增强日常监管力度,发现薄弱环节和漏洞,及时弥补。

⑤幼儿园应严格遵循食品留样制度,尽可能指派专门的炊事人员负责食谱登记和饭菜留样工作。饭菜留样48小时,食用者无不良反应后,方能解封销毁样品。

(2) 保证水源的安全

①幼儿园学生生活用水及自备水源,应经市疾控中心水源水质检测合格后,方可作为供水水源。加强对水源的保护,落实相应的水源保护措施,水源50米以内不允许存在污染源。

②后勤人员应对自来水设施进行必要地保养,以确保供水设施的完好正确使用,对自来水供水蓄水池每学期至少进行一次清洗,每年至少采集水样送市疾控中心检测一次。

③保证幼儿喝开水,尽量不喝生水。

(3) 加强监督管理

后勤主管人员应加强监督炊事人员个人卫生中存在的问题;要加强对炊事人员有关卫生法律法规、卫生知识、卫生操作技能的培训和指导,增强日常卫生监督力度。

(4) 做好清洁消毒工作

厨房设施设备要经常性的进行卫生消毒,时刻保持厨房的卫生清洁。幼儿园的面点间、洗消间、储藏间等所有地方都要严格执行卫生安全制度,做好清洁卫生工作。保证食品的安全卫生。

（5）注意幼儿的身体状况

保教人员应该时刻关注幼儿的身体状况，若有食物过敏症状、身体虚弱的幼儿要特别留意其饮食要求。

2. 幼儿园集体性食物中毒事故的应急措施

立即将中毒师生送就近医院救治，同时向区教办及卫生监督部门报告。幼儿园保健医生做好食物中毒事件的专项登记工作。

其内容包括：班级、人数、姓名、发病日期、主要症状、处理情况等，并积极协助卫生监督部门做好调查工作，以利于有关部门采取措施、组织抢救、调查分析中毒原则和预防方法。若怀疑为投毒事件，应立即向公安部门报案。

积极做好中毒师生的就医陪护工作，及时联系幼儿家长，如实向幼儿家长阐述事故经过，并认真做好幼儿家长的工作，争取家长的配合、谅解；保护现场、保留样品。保护好现场和可疑食物，吃剩的食物不要急于倒掉，食品用工具、容器、餐具等不要急于冲洗，对病人的排泄物（呕吐物、大便）要保留，以便卫生部门采样检验，为确定食物中毒提供可靠的情况；在查明情况之前对可疑食物、水源应立即停止食用。查明情况后，对确定的引起食物中毒的食品，应按规定进行处理。

（三）幼儿园流行性疾病的预控管理措施

幼儿园常见的感染性或季节性、爆发性疾病主要是指流行性感冒、流行性腮腺炎、风疹、水痘、感染性腹泻、口手足传染病、病毒性肝炎、麻疹、红眼病等。

1. 幼儿园感染性或季节性、爆发性疾病的预控管理措施

（1）晨检

幼儿园应该做好晨检工作，发现患病幼儿要家长送到医院治疗，患传染病的幼儿需待在家中。控制好传染源，降低传染性疾病的传染率。发现本班/学校患病幼儿异常增多时立即报告给当地疾控部门。

（2）消毒

幼儿园应建立卫生消毒制度，生病幼儿隔离制度，认真做好计划免疫和疾病预防工作。幼儿园应定期进行全面消毒，如晒被褥，消毒玩具、桌椅等；对患病幼儿用品重点消毒，必要时移出班级；时刻保持教室、寝室等活动场所的通风、换气。

(3)体育锻炼

幼儿园应积极开展适合幼儿的体育活动,每日户外体育活动的时间不得小于一小时。充分利用日光、空气、水等自然因素,以及本地资源,有计划地锻炼幼儿肌体,增强身体的适应能力和抵抗能力。

(4)养成良好的卫生习惯

培养幼儿良好的卫生习惯,如:饭前便后要洗手、不喝生水、不吃生冷食物、不随意用手揉眼睛、挖鼻孔,吃手指等。

(5)预防宣传

传染疾病、流行性疾病高发期,教师应避免带幼儿到人流量多的场所去,做好幼儿的疫苗接种工作。幼儿园应做好传染性、流行性疾病的预防宣传工作,提高家长的防御能力。

2. 幼儿园感染性或季节性、爆发性疾病发生后的应急措施

当出现如:经医生确诊的个别传染病病例或疑似病例的;短时间内出现群体发热、咳嗽、腹泻等不明病因的症状,且发病数量急骤增多的等状况时,幼儿园要立即启动本园的应急预案,做好应对措施。对可疑病例进行隔离观察,同时协助当地卫生部门做好园内其他接触者的隔离观察。传染性疾病发生应积极组织学生到医院就诊,并落实患者的隔离工作,对密切接触者做好观察工作,并做好环境、饮食、饮水的消毒工作,防止事件扩大。对教室、寝室等园内的公共活动场所要加强通风换气,保证空气流通,保持清洁卫生,并加强消毒工作。

(四)幼儿园建筑安全的预控管理措施

幼儿园建筑安全事故是指由于建设管理、监理、设计、施工、材料、设备、改造等原因造成建筑质量不符合规程、规范和合同规定的质量标准,改造损害建筑结构等影响使用寿命或导致房屋坍塌等造成人员伤亡的安全事件。

【案例4】2014年3月4日信阳浉河区董家河镇驼店村百川亲子幼儿园房顶倒塌,13名全托幼儿被覆没。附近群众和幼儿园人员紧急施救,在瓦砾中扒出13名孩子,送往医院。1名孩子在途中死亡,3名孩子受伤,9名孩子无恙。浉河区委区政府安排全力抢救伤者,做好死者善后,抚慰家长。

浉河区经调查,查明百川亲子幼儿园系无证私自开设驼店村分园,该园系租用民房改建。改建中,该园园长余某擅自拆除两间房子中间的山墙,致使房顶失去依托,结构不稳,最终垮塌。浉河区决定依法拘留开园老板,检察院同时介入;全区立即排查,整顿小学、幼儿园安全问题。

幼儿园建筑安全问题不容忽视,建筑安全事故的管控和预防措施分别是:

1. 幼儿园建筑安全的预控管理措施

(1)园舍的建造要参照国家相关文件的规定(如《幼儿园建设标准》《托儿所、幼儿园建筑设计规范》等)

①幼儿园设计必须执行"安全第一"的原则,必须保证园内每一个场所的环境安全,保证幼儿在园内生活、活动每一个环节的环境安全,在遭到意外灾害时,幼儿园的建筑和设施应具有抵御灾害的能力,并且能够使园内幼儿安全、迅速地脱离危险场所。

②幼儿园建筑与有可能发生危险的建筑物之间的距离必须符合有关规范的规定;严禁与有传染源、污染源的建筑物及其场所毗邻;应符合有关卫生防护标准。

③园内严禁高压输电线及架空燃气管道穿过。

④幼儿园建筑造型及环境设计应结合地域特点、民族生活习俗,设计得体、朴实、简洁、大方,富有儿童气息、受儿童喜欢。

⑥幼儿园校舍的建设,必须坚持先报批后建设,先勘察后设计、再施工的程序,严禁开展边勘察,边设计、边施工的"三边"工程。

(2)验收合格方能使用

幼儿园的园舍建成之后必须通过国家工程质量的安全验收。教育部门、卫生部门等相关责任部门要做好幼儿园园舍建筑质量验收的监督协调工作,安排专人对幼儿园的建设工作进行检查,符合国家建筑质量标准要求后方可允许其投入使用[78]。

(3)严禁私自改建

幼儿园严禁私自改建幼儿园建筑,教育主管部门应定期对幼儿园建筑设施进行安全检查,一旦发现私自违章改建建筑,要立即叫停并进行严肃处理。

(4) 加强安全教育

园长应对教职工进行安全教育，并不定期检查园内设施，严禁私自整改，一经发现严肃处理，甚至开除。

(5) 定期检查

幼儿园要定期对校舍进行安全检查，在大风、大雨以及大型活动举办之前，应派专人对校舍进行临时性的安全检查。发现校舍有破损、变形等现象，以及有可能威胁到师生人身安全的要及时维修。

2. 幼儿园建筑安全事故的应急措施

当发生校舍倒塌事故时，要立即报告幼儿园领导，并根据情况拨打110、119、120报警电话求救。幼儿园领导要根据事故情况立即启动校舍事故应急预案，应急救援指挥人员迅速奔赴现场，指挥救援工作。停止教学活动，发出警报信号，有序组织幼儿和教职员工撤离到安全地带，稳定好师生的情绪，并设置警戒区域，维护好现场秩序。立即切断园内的水源、电源和火源，转移重要物资和易燃易爆物品，防止事故灾情的扩散。及时救治事故中受伤幼儿和教职工，并视受伤严重程度送医院救治。及时通知受伤幼儿家长，告知其具体情况。

(五) 园内外的袭击、伤害性事故的预控管理措施

园内外的袭击伤害事故主要是指幼儿在幼儿园受到来自幼儿园的内部人员或非幼儿园工作人员的暴力伤害。这些袭击伤害事故往往会给幼儿带来巨大的身心伤害，甚至失去生命。通过近几年媒体的报道，我们可以发现，幼儿在园中也有可能受到园外的袭击伤害事故。要保护幼儿的安全幼儿园必须加强对园内外袭击、伤害事故的预防管理。

【案例5】2004年9月11日，苏州没有通过批准的"小剑桥幼儿园"28名儿童被一行凶者砍伤。看到孩子被砍，3个老师都吓傻了，直到坏人把坐在桌子外端年龄较小的孩子都砍了一遍，她们才想到把坐在里面较大的孩子都叫到楼上，结果凶手立马跟上去。据当地媒体的报道，这3名老师，一个是园长的妻子，另外两个是雇来的，都没有经过安全培训。据说一位因惊吓过度现已住院观察。一名叫小豪的孩子因病情转重，被转移至苏州市儿童医院。目前该病区已有专人执勤。苏州市儿童医院一位知情医生透露,该幼儿已经被列为"重症病人"。来自安徽安庆的孙建设的4岁女儿孙文婷头上挨了3刀,脑部进了空气;而来自江苏连云港的薛明惠的儿子薛松头部中3刀,脖子上还挨了1刀,医生称其颅内有异物。两个孩子眼神呆滞,受了严重惊吓。

1. 幼儿园园内外袭击、伤害性事故的预控管理措施

(1) 成立领导小组

做好预防园内外暴力袭击组织管理工作,成立以园长为组长,主管安全的副园长为副组长,幼儿园及各部门主要领导为成员的领导小组,领导幼儿园的安全保卫工作,制定严密的防范措施,认真执行。

(2) 加强门卫管理

由符合条件的专职保安担任门卫,加强门卫管理制度和会客制度的管理,严格门卫登记、验证制度,除了幼儿园师生出入校门一律出示相关证件外,家长中途接孩子也一律要登记,单位人员来访要求登记,电话联系相关人员后方可进入。

(3) 加强对精神异常人员的管理

加强对园内有精神病症状的人员的管理。为确保幼儿园安全,具有精神异常症状的人员必须在正规的精神卫生部门进行鉴定,一旦确诊为精神病人,幼儿园应劝其在家休养治疗。

(4) 及时化解矛盾

对园内可能引发矛盾激化事件的当事人要做好矛盾的化解工作,园长要做好园内教职工的心理疏导和同事关系的疏导工作。一旦发现有精神病症状、行为过激的工作人员,应加强对其的关心,劝其在家休养治疗。

(5) 提高自我保护意识

加强对师生的法制和安全教育,增强他们的法制意识和自我保护意识。积极组织师生进行防范暴力事件预案的演习,提高师生的防范能力。

(6) 保证园外周边环境的安全

经常性的与园外治安管理人员沟通联系,及时掌控校园周边地区存在的不稳定因素,积极采取有效措施,保证幼儿园周边环境的安全。

2. 幼儿园园内外袭击、伤害性事故的应急措施

发现不法分子非法侵入幼儿园时,幼儿园门卫要坚守岗位,临危不乱,与不法分子周旋,防止不法分子进入幼儿园,并及时通知幼儿园领导,立即报警,为制止不法侵害行为赢得时间、创造条件。教师要立即将幼儿有序地转移到安全地方,并安抚好幼儿情绪,维护好秩序,防止意外再次发生。对受到伤害的幼儿和教职工要及时查看伤情进行救治,受伤严重的要立即送往医院救治,同时及时告知受伤幼儿的家长,通知其到医院陪护,安慰幼儿。幼儿园要维护好事故现场,保留相关证据,配合有关部门进行事故调查,并做好善后处理工作。发生安全事故后幼儿园应该向上级行政部门和其他机关部门报告,并根据上级的安排采取进一步措施。

(六)园内突发安全事故的预控管理措施

1. 幼儿园园内集体活动中的突发安全事故的预控管理措施

(1)场地考察

组织园内活动前,必须要考察场地、活动器械(具)、设备、设施是否存在安全隐患,并将场地进行区域划分。

(2)安全小组

成立临时安全管理小组,明确所承担的安全职责,制定安全应急预案,配备相应设施,并进行应急演练。

(3)安全教育

集体活动前幼儿园领导应通过园务会议向带班教师讲解活动中需要注意的安全事项,提高教师的安全责任心。此外,集体活动中教师还要不断提醒幼儿注意安全,听从本班老师的安排,不随意乱跑,增强幼儿自我保护能力和意识[79]。

(4)紧急疏散通道

教师、保育员应熟悉园内活动场地,现场查看紧急疏散通道,并带领幼儿到现场进行疏散演练。

(5)活动结束后的注意事项

活动结束后,所有班级要严格遵守退场秩序,按活动预案退场,防止拥挤、踩踏事故发生。返回班级后,再次清点幼儿人数,防止幼儿走失。此外,教师要注意观察幼儿活动后的精神状态,做好个别幼儿的观察记录。

2. 幼儿园园内突发安全事故的应急措施

活动现场的幼儿教师或医务人员要立即对受伤幼儿采取包扎伤口、

人工呼吸等急救的救援措施,受伤严重的人员要立即送往医院救治,并立即联系受伤幼儿家长,告知具体情况。保护现场,对于重大事故要成立事故调查小组,认真调查事故发生原因,做好事故责任认定以及善后工作。及时做好幼儿家长的安抚工作,控制事态,维持教育教学秩序的正常进行。及时联系保险公司介入事故的理赔工作。

(七)园外突发安全事故的预控管理措施

1. 幼儿园园外集体活动中的突发安全事故的预控管理措施

(1)交通工具

幼儿园应该按照《专用校车安全国家标准》购买符合国家标准的校车。租用外出活动的交通工具时必须验证相关的证照并签订相应的安全责任状。

(2)校车司机

幼儿园的校车司机应符合《校车安全管理条例》[80]中驾驶员的标准。所租用的交通工具应是由遵守交通法规、驾驶经验丰富的驾驶员驾驶。同时要选用车容、车况、安全性能好的车辆为校外集体活动服务,并落实安全检查制度,确保车辆安全状况良好。

(3)安全教育

活动开展前,幼儿园必须通过园务会议向带班教师进行相关安全方面注意事项说明,特别要求教师对于容易造成安全事故的因素反复向幼儿进行讲解、提醒,增强幼儿自我保护能力和意识,提高教师的安全责任心。

(4)未行先察

园内外集体活动前活动的组织者应到活动场所进行实地察看,是否存在安全隐患,确保活动场地的安全性,规划好行进路线。

(5)请示汇报

户外全园性集体活动前必须向区教育局进行汇报请示,并取得区教育局同意后方可组织活动。班集体活动必须经园长批准方可进行所有户外集体活动。同时,保健医生在活动前配备好相应急救药品,随行而去[79]。

2. 幼儿园园外突发安全事故的应急措施

活动现场的幼儿教师或医务人员要立即对受伤幼儿采取包扎伤口、

人工呼吸等急救措施,受伤严重的人员要立即送往医院救治,并立即联系受伤幼儿家长,告知具体情况。若户外活动安全事故的情况较危急,则立即停止活动,教师有序地疏散幼儿,将幼儿转移到安全地带活动,并安抚好幼儿的情绪。班级集体活动要立即报告园领导,园领导立即派人到事故现场指挥事故处理;全园的集体活动,要及时报告给上级管理部门。发生交通事故的要立即报警,保护好事故现场,配合交警部门做好事故调查工作。

三、自然灾害的应急管理

自然灾害是指给人类生存带来危害或损害人类生活环境的自然现象,包括洪涝、干旱灾害,台风、冰雹、雪、沙尘暴等气象灾害,火山、地震灾害,山体崩塌、滑坡、泥石流等地质灾害,风暴潮、海啸等海洋灾害,森林草原火灾和重大生物灾害等。

(一)幼儿园常见自然灾害事故的类型

1. 地震

地震会造成建筑物的破坏,如房屋倒塌、桥梁断落等等;造成地面破坏,如地面裂缝、塌陷等;造成山体等自然物的破坏,如山崩、滑坡等;海啸、海底地震引起的巨大海浪冲上海岸,造成沿海地区的破坏。在人类生活环境遭到破坏的同时也会造成人员的极大伤亡,很多人员未能在有限的时间内逃出发生地,因此被掩埋在建筑物碎渣或泥土中。所以地震应当引起人们足够的认识和关注。幼儿缺乏自我保护能力及社会经验,因此在地震发生时如果没有成人的保护,且成人自身没有很好的求生技能,就会有很大的危险性。

【案例6】2008年5月12日14时28分04秒,四川省阿坝藏族羌族自治州汶川县发生里氏8.0级地震,地震造成69227人遇难,374643人受伤,17923人失踪。汶川地震,也称2008年四川大地震,发生于北京时间(UTC+8)2008年5月12日(星期一)14时28分04秒,震中位于中国四川省阿坝藏族羌族自治州汶川县映秀镇与漩口镇交界处、四川省省会成都市西北偏西方向92千米处。根据中国地震局的数据,此次地震的面波震级达8.0Ms、矩震级达8.3Mw(根据美国地质调查局的数据,矩震级为7.9Mw),破坏地区超过10万平方千米。地震烈度可能达到11度。地震波及大半个中国及亚洲多个国家和地区。北至辽宁,东至上海,南至香港、澳门、泰国、越南,西至巴基斯坦均有震感。是中华人民共和国成立以来破坏力最大的地震,也是唐山大地震后伤亡最惨重的一次。

2. 泥石流

泥石流是发生在山区一种常见的地质灾害,是一种饱含大量泥沙石块和巨砾的固、液、气相流体,呈粘性层流或稀性紊流等运动状态,是各种自然因素(地质、地貌、水文、气象、土壤、植被等)和人为因素综合作用的结果,在民间也被称为"走蛟""出龙"等[81]。

泥石流常常具有暴发突然、来势凶猛、迅速之特点。并兼有崩塌、滑坡和洪水破坏的双重作用,其危害程度比单一的崩塌、滑坡和洪水的危害更为广泛和严重。泥石流会冲进乡村、城镇,摧毁房屋、工厂、企事业单位及其他场所设施,淹没人畜、毁坏土地,甚至造成村毁人亡的灾难。

(二)幼儿园自然灾害事故的预控管理措施

1. 加强幼儿园教职工的安全培训

幼儿园教师不仅仅给幼儿知识上的引领,还对幼儿的人身安全起到重要的保护作用,因此加强教师的安全培训具有非常重要的意义。

首先,幼儿园要定期对教职工进行安全知识的讲座培训,增强教职工对于自然灾害的了解和认知,并且能够获得相应的自然灾害应急管理的能力;其次,进行相应自然灾害的模拟演习,将教师的理论知识转化为实践能力;最后,不定期地组织关于自然灾害应急管理的各种竞赛活动,提升教职工对于自然灾害的了解。

2. 强化宣传教育,提高学生安全意识

幼儿园中幼儿的数量很多,如果幼儿没有一定的自然灾害的应急能力和知识,在发生自然灾害时,教师就很难做到有序地管理,因而幼儿的生命就很危险,因此在提升教师自然灾害管理能力的同时,还应提升幼儿自身的应急管理能力。

首先，教师应对幼儿进行应急知识的培训。人群聚集的场所如遇到地震，最忌慌乱，应立即躲在课桌、椅子或坚固物品下面，待地震过后再有序地撤离。教师等现场工作人员必须冷静地指挥人们就地避震，决不可带头乱跑。

发生泥石流时沿山谷徒步行走，一旦遭遇大雨，发现山谷有异常声音或听到警报时，要立即向坚固的高地或泥石流的旁侧山坡跑去，不要在谷地停留。一定要设法从房屋里跑到开阔地带，尽可能防止被埋压。发现泥石流后，要马上向与泥石流成垂直方向一边的山坡上面爬，爬得越高越好，跑得越快越好，绝对不能向泥石流的流动方向走。发生山体滑坡时，同样要向垂直于滑坡的方向逃生。要选择平整的高地作为营地，尽可能避开有滚石和大量堆积物的山坡下面，不要在山谷和河沟底部扎营。

其次，幼儿园可以通过板报、画册、广播、幼儿活动等进行相应的应急管理知识宣传，从生活细节中提升孩子的自我保护能力。

最后，幼儿园可以举办各种游戏，例如亲子节目、师生游戏等，让孩子参与到模拟抵御自然灾害的演习中，从而提升孩子应对自然灾害的能力和面对突发自然灾害的心理素质。

3. 加强硬件设施配备与巡查工作

为了维护广大师生的生命安全，幼儿园应该加强硬件设施配备与维护，以防设施的不达标而给广大师生带来生命上的伤害。首先，幼儿园应该明确本地区的地质状况，选择更适合本地区的硬件设备，例如，地震多发地区一定要做到房屋的防震工作；其次，幼儿园应安排专门人员经常巡查，及时排除隐患，例如对于泥石流多发的地区，一定要做好天气的观测，安全隐患要及时解除；最后，对于幼儿园中的各种设施须做好日常的记录工作，在做到设备更新的同时，还能够更好的检测每种设备的使用程度、天气的发展状况，从而使安全工作更加全面、彻底。

4. 制定和完善应急疏散预案

幼儿园是人口密集的场所，幼儿自身年龄较小，自我保护能力比较弱，而且自然灾害爆发速度比较快，危害比较大。首先，幼儿园应该明确本地区的地质状况，了解本地区易发生的自然灾害，然后制定出相应的应急疏散预案；其次，在教室、楼道都应标明逃生路线，以便发生自然灾害时能够快速逃离现场；最后，幼儿园中的广大师生应定期演习应急疏散方案，提高熟悉程度，与此同时，在实践的过程中能够发现方案的漏洞，以便做到更好的完善，从而保障师生的生命安全。

（三）幼儿园自然灾害事故发生后的应急管理

1. 加强幼儿灾后的心理疏导

幼儿年龄较小，心理承受能力也比较低，因此在发生自然灾害后会给幼儿造成很大的影响。心理上会有恐惧感、无助感、悲伤感，身体上疲倦、失眠、做恶梦、心神不宁，不能够把自己的注意力集中在想做的事情上等等。因此在发生自然灾害后，家长及老师需要在专业人员的引领下帮助幼儿走出心理困区。

家长及教师应帮助孩子建立原有的安全感和控制感。首先，应花更多的时间陪伴孩子，给孩子更多心理上的安全感，让孩子的生活作息恢复正常，能够以平常的心态来面对生活；其次，教师不要阻止孩子在游戏中演出灾难当时的情景，因为孩子在演出灾难的情景过程就是逐渐战胜灾难的过程；最后应由专业的心理医生从心理学角度对幼儿进行心理疏导。

2. 校舍的重建或维修

自然灾害在某种程度上必然会给校舍带来损害，因此灾后重建时，首先，应在建设或维修的房屋区进行必要的遮拦及标识，以保证幼儿的安全；其次，校舍在重建及维修的过程中，应选择符合卫生安全要求的建材，建筑符合幼儿年龄特点的校舍；最后，管理人员应对灾后校舍的破坏程度进行勘察和反思，能够根据本地区灾害发生的程度更好地建构校舍。

3. 教育工作

学生在经历过灾变之后，普遍出现的身心症状包括焦虑、恐慌、畏惧夜晚、不明原因的生理问题、不爱上学、上课不专心、情绪及行为的反应不稳定且容易失控等，因此，许多学生在该期间会有暂时性的成绩下降的现象，因此在这个阶段教师不能给孩子更多的学习上的压力，而是应理解孩子当时的状况，在适当开展教学工作的同时，给孩子更多的心理上的帮助，让每位孩子能够感受到来自教师、家长、同学间的关爱。

4.防御自然灾害的反思改进

自然灾害后总给人以深刻的教训和反思,因此自然灾害后反思是必要的。首先,学校管理人员应反思本园是否有完备的灾害疏导方案;其次,学校有没有进行日常的自然灾害逃离演习;最后,学校应该反思是否对本地区易发生的自然灾害进行了充分的了解,校舍是否足够牢固及安全。

第七章 幼儿园安全管理系统

幼儿园安全管理系统是一套以安全工程理论体系为理论基础，联合国内资深学前教育专家以及优秀幼儿园园长研发的针对儿童安全教育管理领域的信息系统。该系统提供学习、测评、互动交流、管控4大核心功能，其中危险源百科知识、不安全行为百科知识、安全测评服务及事故案例分析预防建议，帮助幼儿园教师和家长提升安全素养；隐患排查、安全可视化报表旨在实现幼儿园安全管控的闭环管理和持续改进，使管理考核有标准、隐患排查有依据、风险防范有方法。

一、系统建设的目标

幼儿园安全风险预控的系统主要为政府部门、幼儿园、家长提供便利，具体目标如下：

政府：作为安全监管者、安全宣教的倡导者以及事故调查处理者，急需对辖区内的安全隐患进行全盘的掌控。该系统针对这一问题努力做到安全隐患环节可视化、安全管理评价数据化、安全管控手段现代化、安全责任追溯明晰化。

幼儿园园长：作为幼儿园安全的践行者、孩子安全的保护者以及孩子安全理念树立的培育者，必须对孩子的生命负责。但是如何进行幼儿园安全管理的工作，对园长来说还是一个未知数。因此，实现安全薄弱环节可视化、安全管理评价数据化、安全管控手段现代化、安全责任追溯明晰化显得尤为重要，这也正是该系统解决的主要问题之一。

幼儿园教职工：一个幼儿园的安全程度取决于一线教职工的安全素养水平的高低。而当前很多教师安全这门课程修的还不是很好，大多时候遇到突发事件不知如何应对，有时还因为沟通不畅而被家长误解。针对这些问题，系统专门提供了学习功能、家校互动功能，帮助教职工提升个人的安全素养，对紧急情况有急救能力，获得领导和家长的肯定和信任。

家长：家长是幼儿安全的保护者、幼儿安全理念树立的培育者。近些年，发生了很多家庭安全事故，这暴露出家长在安全知识方面的欠缺：遇到突发事故不知如何急救，不知有些行为是与孩子不相符的，或者不知日常生活中潜藏着哪些危险源和不安全行为。针对这些问题，该系统提供学习、家园互动功能，旨在提升家长个人的安全素养。同时，家长还可以利用碎片化时间获取孩子在园的信息,发现问题及时与教师交流,保障孩子的健康成长。

二、系统应用价值

从安全工程理论的角度、幼儿安全利益相关者的需求对系统的功能进行了设计,旨在实现如下价值:

1. 教育局

动态掌握辖区幼儿园存在的安全隐患与整改情况,了解各大校园共同的安全问题,安全责任有据可依,让安全管理决策拥有精准的数据支持。

2. 幼儿园

实现隐患排查、不安全行为的闭环管控,使幼儿园安全问题从根源上得到解决,使管理考核有标准、隐患排查有依据、风险防范有方法。

3. 教师

提供实时便捷的安全管理工具,安全管理标准、管理措施具体明确,零距离家园互动,提升个人安全素养和能力,打造安全管理金牌教师。

4. 家长

提供安全知识掌握、孩子在园信息获取、家园互动第一平台,让家长切实成为保障孩子安全的第一责任主体,开启家园共建的美好生活。

5. 孩子

生动的展现方式帮助孩子系统掌握不同成长阶段的安全知识,学习中提升应急能力,娱乐中学会自我保护。

三、系统主要功能规划

针对幼儿安全的利益相关者(政府、园长、教师、家长)的不同需求,将系统的功能模块分为四大部分:学习、测试、管控、交流。具体功能模块如下:

1. 知识库

系统以危险源、不安全行为知识库为基础,通过典型事故案例的分析,强化风险预控思想在日常工作中的应用和实现。

2. 事故案例点评库

通过典型事故案例的分析及专家点评,提高事故的借鉴和警示作用,促进安全管理措施的完善,避免类似事故的发生。

3. 系统评测

通过学习危险源、不安全行为等安全知识,让家长、教师来检测掌握安全知识的程度,实现理论和实践的结合。

4. 安全荣誉模块

通过安全荣誉模块,展现每个人安全知识的成长曲线,有助于家长、教师进行有目的的学习,提高对安全知识的认识。

5. 系统安全问答模块

家长、教师可以与专家进行互动,交流生活中存在的安全问题和建议,避免不安全行为的发生。

6. 隐患排查

通过系统可以帮助园长及教师在幼儿园日常生活中及时发现安全隐患,随后安全管理员与园长实时收取信息即可确认危险源,并立即实施整改行动,园长可根据整改实际情况对整改结果进行评价。此外,系统提供了多维度的隐患排查统计分析功能,各个分类的隐患发现数量、每个隐患的整改情况如何,统计图表让您一目了然,不仅为园长提供园内安全决策分析数据,同是也为幼儿园安全管理提供重点关注信息。

7. 每周食谱

通过系统可以随时查看孩子在幼儿园的一日三餐。

8. 安全活动

幼儿园可以及时分享组织的大型活动,家长可以随时查看班级幼儿的活动图文信息,方便教师和家长及时了解宝宝成长点滴。

9. 安全教室

通过视频家长能及时了解幼儿在学校安全活动课堂的最新动态,并且能及时了解和阅读最新的电子绘本,让孩子在玩乐中掌握安全常识和应急常识。安全的教具使孩子在安全玩乐中渡过童年。

10. 圈子

家长、教师、园长的交流平台,提供以幼儿园为单位的班级讨论圈子,也可以根据个人的需要加入各种圈子,就某一话题进行讨论,比如教师教学经验分享、安全教学经验分享、应急常识分享、妈妈育儿经验分享、育儿困扰咨询等等。

11. 游戏

通过系统可以玩各类安全小游戏,提高幼儿安全意识。

12. 签到

家长可以随时查看幼儿本日、本周、本月的到校和出勤情况,也为园长提供考勤数据分析基础。

(一)核心功能及特点

危险源与不安全行为百科知识:提供幼儿园各大危险源与管控措施,让危险无处藏身,一抓到底;提供幼儿园各类人群常见的不安全行为与管控措施,让孩子远离不安全行为。

安全测试与测评:提供针对教师、学生、家长等不同对象,针对不同季节、不同疾病预防等不同主题的安全测评服务,测验安全防护知识、科学测评分析结果,每一次测评,都是一次提升。

事故案例预防建议:提供幼儿园阶段典型事故案例的权威专家点评和预防建议,防患于未然。

隐患排查和安全可视化报表:提供隐患实时发现记录、上报、整改和评价功能,将安全隐患消灭在萌芽状态;多维度的隐患排查统计分析功能,各个分类的隐患发现数量、每个隐患的整改情况、各大校园共通的安全隐患,动态统计图表一目了然。

(二)功能详细介绍——前台

1. 我的幼儿园

综合展示幼儿园简介、安全活动、事故案例、安全评测、安全荣誉、每周食谱、常见问题、客服热线、意见反馈等信息。

2. 危险源

查询危险源知识,可根据类别、流程、步骤进行筛选查看和学习。通过对危险源的学习,家长可以更清楚地了解到幼儿在家或幼儿园时身边存在的各种危险,掌握这些危险如何消除,甚至对幼儿在幼儿园内可能存在的危险也知道该找何人采取何种措施以消除危险。

3. 不安全行为

查询不安全行为,可根据对象、类别进行筛选查看和学习。通过对不安全行为的学习,家长可以更清楚地了解幼儿周围各种角色常出现的不安全行为,指导自身安全水平的提升,帮助更好地预防和应对幼儿的不安全行为,并监督幼儿园中教职工存在的各种不安全行为,家园合力共同保证幼儿的生命安全。

4. 事故案例

查询事故案例专家已点评或者未点评、事故类型进行筛选查看和学习。通过对幼儿发生的事故案例的点评知识的学习和查阅,家长可以了解到详尽、专业的事故发生原因、责任划定,更重要的是可以学习并掌握有关此类事件的预防建议和急救措施,帮助提升家长的事故预防能力,更有效地保护幼儿安全。

5. 安全测评

用户可以从试卷库里选择一个试卷,进行考试。在用户开始考试后,系统要按照试卷的试题规则,从题库里抽题,发给用户进行考试。用户答题完毕后,提交试卷。系统显示用户考试结果,并对用户这次考试进行评价。通过使用安全评测这一功能,家长可以更好地监测自身安全知识水平,发现存在的知识漏洞,有方向地进行学习提升,更好更全面的完善自己的安全知识,保障幼儿生命健康。

6. 安全荣誉

用户可以查看自己做过的历次测评记录。幼儿园班级可以按照班级内所有家长最后一次测评成绩的平均分作为排名依据进行排名;其他用户可以按照最后一次测评成绩进行排名。

7. 安全问答

家长可对园所提出建议,并可以在系统中看到自己提出建议的答复。通过安全问答功能,系统可以更好地为家长解决安全知识方面的疑惑,更好地完善系统所缺、家长急需的安全知识,更方便地为家长提供建议,为幼儿成长保驾护航。

8. APP 下载

可直接扫描二维码下载幼儿园安全管理 APP。

(三)功能详细介绍——后台

1. 基础信息

主要建立班级的详细信息,系统提供了班级信息的新增、修改、删除、查看和查询功能。

主要建立学生及家长详细信息,系统提供了学生信息的新增、修改、删除、查看和查询功能。

2. 危险源知识库

主要用于建立危险源的详细信息,系统提供了危险源信息的新增、修改、删除、查看和查询功能。

3. 不安全行为管理

主要用于建立不安全行为的详细信息,系统提供了不安全行为信息的新增、修改、删除、查看和查询功能。

4. 考试管理

主要用于建立题库信息,系统提供了题库信息的新增、修改、删除、查看和查询功能。

试卷配置根据考生对象、知识分类、答复方式和试题类型进行试卷配置,系统会随机进行抽题,并且提供了试卷配置新增、修改、删除、启用/停用、查看和查询功能。

考试评分等级主要用于根据考试得分情况,来编辑评语,系统提供了评分等级的增加、移除和保存操作。

5. 事故案例

主要用于建立事故案例的详细信息,并针对事故案例进行专家点评分析,系统提供了事故案例信息的新增、修改、删除、查看和查询功能。

6. 安全动态

安全动态主要包括两个模块,分别为:安全活动和幼儿饮食。

(1)安全活动

主要用于建立安全活动详细信息,系统提供了安全动态信息的新增、修改、删除、查看和查询功能。

(2)幼儿饮食

主要用于建立幼儿饮食的详细信息,系统提供了每周食谱的新增、修改、删除、查看和查询功能。

四、系统实施

在信息化时代,我们旨在开创校园安全新纪元,立志为幼儿园提供安全管理工具,其中不需任何的硬件投入,系统具体的实施流程如下:

首先,我们将会举办幼儿园园长的安全交流会,在这次会议中使园长对我们这套系统的理论根基和系统的基本功能有深入的了解。

交流会现场签约系统免费赠送协议,消除幼儿园担心存在后续费用的顾虑。

交流会后我们会指导幼儿园的园长使用系统开通幼儿园，将教师加入到系统中，并维护幼儿园基础信息，便于我们为幼儿园用户建立账户信息，或者管理员自己维护幼儿园基础信息。

在账户信息建立好之后，实施人员会对园内教师进行集中培训，指导如何使用系统。

使用系统过程中，如有问题，及时向我们指定的实施人员反馈意见，便于更好地为幼儿园服务。

根据各园的应用情况，定期发送系统使用评价报告，保证最终真正能够给各幼儿园带来福利。

五、系统应用示例

（一）前台

1. 系统登录

在浏览器地址栏输入正确的地址："http://yeaq.jyfxyk.com/"之后即可进入幼儿园安全管理系统登录页面，输入正确的用户名和密码之后即可以相应的身份进入系统。如下图所示：

图7.1 系统登录页面

2. 我的幼儿园

综合展示幼儿园简介、安全活动、事故案例、安全评测、安全荣誉、每周食谱、常见问题、客服热线、意见反馈等信息。如下图所示：

图 7.2　我的幼儿园界面

3. 危险源

查询危险源知识，可根据类别、流程、步骤进行筛选查看。如下图所示：

图 7.3　危险源知识查阅界面

4. 不安全行为

查询不安全行为，可根据对象、类别进行筛选查看。如下图所示：

图 7.4　不安全行为知识查阅界面

5. 事故案例

查询事故案例专家已点评或者未点评、事故类型进行筛选查看。如下图所示：

图 7.5　事故案例界面

6. 安全评测

用户可以从试卷库里选择一个试卷进行考试。在用户开始考试后，系统要按照试卷的试题规则，从题库里抽题，发给用户进行考试。用户答题完毕后，提交试卷。系统显示用户考试结果，并对用户这次考试进行评价。如下图所示：

图 7.6 安全测评界面

7. 安全荣誉

用户可以查看自己做过的历次测评记录。如下图所示：

图 7.7 历史测评记录界面

8. 安全问答

家长可对园所提出建议，并可以在系统中看到对自己所提出建议的

答复。如下图所示:

图 7.8　安全问答界面

9. APP 下载

可直接扫描二维码下载幼儿园安全管理 APP。如下图所示:

图 7.9　APP 端下载界面

(二) 后台

1. 系统登录

用户需要提供用户名和密码使用本系统。账号是区分用户权限的唯一标识,通过用户账号和密码,实现不同用户使用权限的配置,系统登录界面如下:

图7.10　后台系统登录界面

2. 班级信息

主要用于建立班级的详细信息，系统提供了班级信息的新增、修改、删除、查看和查询功能。如下图所示：

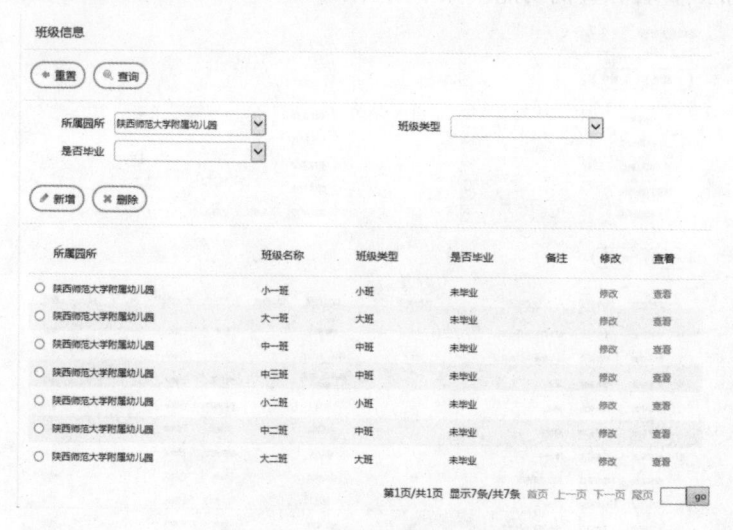

图7.11　班级信息创建界面

3. 学生信息

主要用于建立学生及对应家长的详细信息，系统提供了学生信息的新增、修改、删除、查看和查询功能。如下图所示：

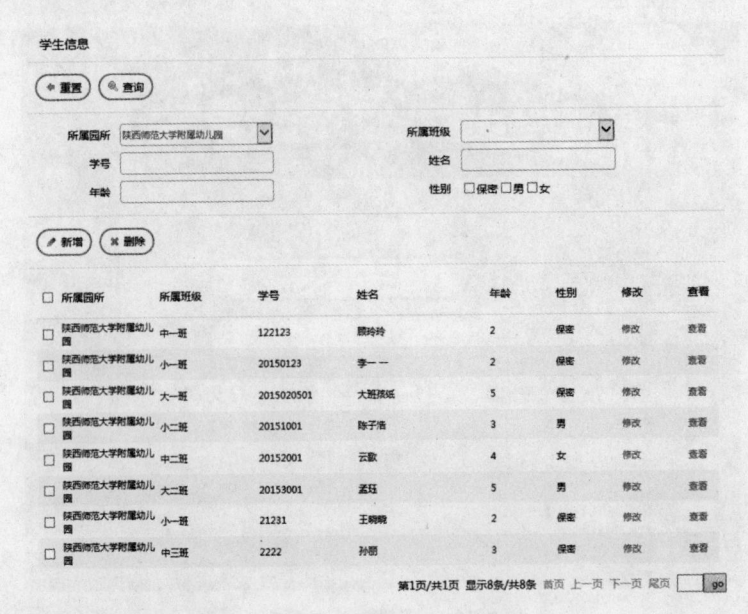

图 7.12　学生信息输入界面

4. 危险源知识库

主要用于建立危险源的详细信息，系统提供了危险源信息的新增、修改、删除、查看和查询功能。如下图所示：

图 7.13　危险源知识库修订界面

5. 不安全行为知识库

主要用于建立不安全行为的详细信息，系统提供了不安全行为信息的新增、修改、删除、查看和查询功能。如下图所示：

图7.14　不安全行为知识库修订界面

6. 考试管理

主要用于建立题库信息、试卷配置以及考试评分等级，系统提供了新增、修改、删除、查看和查询功能。如下图所示：

图7.15　考试管理界面

7. 事故案例

主要用于建立事故案例的详细信息,并针对事故案例进行专家点评分析,系统提供了事故案例信息的新增、修改、删除、查看和查询功能。如下图所示:

图 7.16　事故案例添加、删除界面

8. 安全动态

主要用于建立安全活动和幼儿饮食的详细信息,系统提供了安全动态信息的新增、修改、删除、查看和查询功能。如下图所示:

图 7.17　安全动态增、减界面

(三)移动端

手持端分为家长版和老师版两个版本的 APP。

1. 安 Q 家长版功能介绍

(1)注册安 Q

点击安 Q APP 家长版,家长可以通过安 Q 系统"注册",如下图所示:

图7.18 家长版登录界面

注册完之后需要"绑定"对应的班级,如下图所示：

图7.19 绑定幼儿园——审核界面

①登录安Q家长版APP

家长通过审核,登录安Q APP家长版,系统首页如下图所示：

图 7.20　家长版首页界面

a. 首页——话题圈

"话题圈"根据发布内容,可以添加不同类型的话题圈与大家进行互动,如下图所示:

图 7.21　家长版首页话题圈界面

b. 首页——隐患发现

"隐患发现",家长可以随时随地发现隐患,如下图所示:

图 7.22　家长版首页隐患发现界面

c. 首页——亲子乐园

"亲子乐园"主要是展示亲子游戏,如下图所示:

图 7.23　家长版首页亲子乐园界面

d. 首页——考勤

通过"考勤"家长可以查看对应孩子本月的出勤情况。如下图所示:

图 7.24　家长版首页考勤界面

e. 首页——课程表

"课程表"展示对应孩子所在班级当前系统时间的课程表详细信息，如下图所示：

图 7.25　家长版首页课程表界面

f. 首页——食谱

"食谱"系统默认显示周一到周五的详细菜单。如下图所示：

204

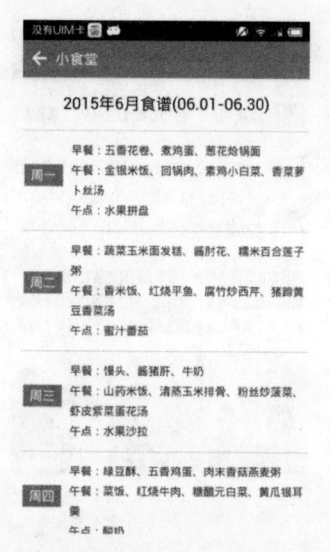

图 7.26　家长版首页食谱界面

② 家园

图 7.27　家长版家园界面

"班级圈"提供班级内部家长和老师的交流平台,点击首页的"班级圈"进入"班级圈"模块主页列表,如下图所示:

图 7.28　家长版班级圈列表界面

"园所简介"页面显示幼儿园图片和幼儿园名称以及简介。如下图：

图 7.29　家长版家园园所简介界面

③知识库

"知识库"页面列表中显示系统自动推送和家长相关的安全小贴士的信息，如下图所示：

图 7.30　家长版知识库首页界面

a. 知识库——危险源百科

"危险源百科"，系统默认显示全部类别、流程、步骤。如下图所示：

图 7.31　家长版危险源分类选择界面

b. 知识库——不安全行为百科

"不安全行为百科"，在系统默认显示全部不安全行为对象和类别。

如下图所示：

图 7.32　家长版不安全行为首页界面

c. 知识库——事故案例

"事故案例"，系统默认显示全部的事故案例信息。如下图所示：

图 7.33　家长版事故案例界面

d. 知识库——安全评测

"安全评测"模块中显示的内容为测评对象包含的当前登录人岗位的试题信息。如下图所示：

图 7.34 家长版安全评测界面

④我的

"我的"主要是个人中心页面,可看到用户昵称、默认头像、身份、宝宝姓名、幼儿园名称、设置、常见问题、意见反馈、关于我们、退出。如下图所示:

图 7.35 家长版我的首页界面

2. 安 Q 老师版功能介绍

(1)园长角色

①注册——开通幼儿园

安Q APP老师版,由园长进入,进行幼儿园的开通。如下图:

图7.36 老师版登录界面

②首页

园长账号登陆老师版APP,首页为园长首页,包括考勤统计、隐患统计、活跃度、班级管理,如图:

图7.37 老师版——园长首页界面

a. 首页——考勤统计

用园长账号登陆老师版APP进入考勤统计模块,此模块可查看园所整体出勤情况和每个班的出勤情况,查看每班出勤情况时与老师角色所查看的每班考勤情况、月统计和个人出勤情况的界面一致。

图 7.38　老师版——园长考勤统计界面

b. 首页——隐患统计

由园长角色进入老师版 APP 首页，点击"隐患统计"，自动跳转，页面显示隐患统计的信息，默认显示当月的隐患统计信息，也可查询其他月份的隐患信息，如下图：

图 7.39　老师版——园长首页隐患统计界面

c. 首页——班级管理

"班级管理"模块与开通幼儿园时添加、修改班级、老师等功能一致。主要是进行幼儿园的班级和老师管理,如下图:

图7.40 老师版——园长班级管理界面

③家园

"家园"包括话题圈、亲子乐园、园所简介、隐患排查(隐患发现、隐患辨识、隐患整改、隐患统计),如下图:

图 7.41 老师版——园长家园首页界面

a. 家园——话题圈

"话题圈",根据发布内容,可以添加不同类型的话题圈与大家进行互动,点击家园中的"话题圈",可进入不同话题圈的选择界面:

图 7.42　老师版——园长话题圈界面

b. 家园——亲子乐园

"亲子乐园"主要是一些供孩子学习的益智游戏视频,点击某一个主题可进入查看视频详情:

图 7.43　老师版——园长亲子乐园界面

c. 家园——园所简介

"园所简介"显示幼儿园图片和幼儿园名称以及简介。如下图：

图7.44　老师版——园长园所简介界面

d. 家园—隐患排查—隐患发现

"隐患发现"页面显示隐患发现的信息，包含添加、未处理、已处理、非隐患选项。其中未处理显示的为还未进行辨识、未整改以及不合格的隐患，已处理显示的为已整改和合格的隐患，非隐患显示的为确认不是隐患的数据，如下图：

图 7.45　老师版——园长隐患发现界面

e. 家园——隐患排查——隐患辨识

利用园长角色登陆老师版 APP 在家园中点击"隐患辨识",自动跳转,页面显示隐患辨识的信息,包含未辨识、未评价、已辨别选项。如下图:

图 7.46　老师版——园长隐患辨识列表界面

f. 家园——隐患排查——隐患整改

"隐患整改"模块显示隐患整改的信息,包含未整改、已整改选项。如下图:

图 7.47　老师版——园长隐患整改列表界面

需要整改的隐患,进入隐患整改详情页面,输入整改记录,同时可以拍照记录,点击确定,隐患整改完成,此条记录会在已整改选项中显示。

④知识库——危险源百科

知识库包括"危险源百科""不安全行为百科""事故案例""安全测评"四个模块按钮,模块按钮下方是与老师相关的当前最新的安全小贴士。

图 7.48　老师版——园长危险源百科首页界面

a. 知识库——危险源百科

"危险源百科"系统默认显示全部类别、流程、步骤。如下图所示:

图 7.49　老师版——园长危险源类别筛选界面

216

b. 知识库——不安全行为百科

"不安全行为百科"以幼儿园教工岗位和活动类型来划分不同的不安全行为,点击知识库中的"不安全行为百科"进入"不安全行为百科"主页面,选择教工岗位和活动类型进行不安全行为筛选,点击筛选后的不安全行为可以查看此条信息的详细情况。

图 7.50　老师版——园长不安全行为筛选类别界面

c. 知识库——事故案例

"事故案例",默认显示全部的事故案例信息。如下图所示:

图 7.51　老师版——园长事故案例界面

d. 知识库——安全测评

"安全评测"模块中显示的内容为测评对象包含当前登录人的岗位试题信息。如下图所示：

图 7.52　老师版——园长安全评测界面

⑤我的

"我的"主要展示当前登录人的个人信息，包括姓名、头像、身份、所属园所，和系统"设置""常见问题""意见反馈""关于我们"，页面如下：

图 7.53　老师版——园长我的首页界面

(2)老师角色

①首页

老师版首页分园长首页和老师首页,由老师角色登陆后,进入老师版首页,老师版首页包括班级考勤、隐患发现、班级圈、班级成员、宝宝课堂、小食堂,如下图:

图7.54　老师版首页界面

a. 首页——班级考勤

"班级考勤"是当前登陆老师所负责的班级每一天的考勤情况和月考勤情况统计,点击"首页"中"班级考勤",或"家园"中"考勤",进入考勤界面:

图7.55　老师版首页考勤界面

进入某一日的考勤页面进行考勤,点击列表右边的出勤或缺勤进行考勤,当点击"考勤"时,可对缺勤原因进行选择和输入。

b. 首页——隐患发现

"隐患发现"页面显示隐患发现的信息,包含添加、未处理、已处理、非隐患选项。其中未处理显示的为还未进行辨识、未整改以及不合格的隐患,已处理显示的为已整改和合格的隐患,非隐患显示的为确认不是隐患的数据,如下图:

图 7.56 老师版首页隐患发现界面

c. 首页——班级圈

"班级圈"提供班级内部家长和老师的交流平台,点击首页的"班级圈"或家园中的"班级圈",进入"班级圈"模块主页列表,界面展示当前班级内老师和家长发表的话题。如下图:

图 7.57　老师版首页班级圈列表界面

d. 首页——班级成员

班级成员主要展示本班学生及其家长联系方式：

图 7.58　老师版首页班级成员界面

　　班级中还未加入的学生的爸爸妈妈申请加入，班级老师进行验证审核：

图 7.59　老师版首页家长申请界面

e. 首页——宝宝课表

"宝宝课表"默认展示当日的课程安排：

图 7.60　老师版首页课程表界面

f. 首页——小食堂

本模块展示本周(默认)本园所的食谱安排,由后台维护,安 Q 进行展示,点击"首页"或"家园"的小食堂进入展示界面:

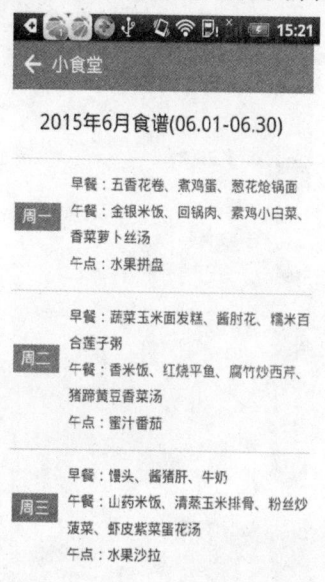

图 7.61　老师版首页食谱界面

②家园——首页

"家园"包括话题圈、亲子乐园、园所简介、我的班级(考勤、班级圈、班级成员、宝宝课表、小食堂)、隐患排查(隐患发现、隐患整改),如下图:

图 7.62　老师版家园首页界面

a. 家园——话题圈

"话题圈",根据发布内容可以添加不同类型的话题圈与大家进行互动,点击家园中的"话题圈",可进入不同话题圈的选择界面:

图 7.63　老师版话题圈界面

b. 家园——亲子乐园

"亲子乐园"主要是一些供孩子学习的益智游戏视频,点击某一个主题可进入查看视频详情,如下图:

图 7.64　老师版亲子乐园界面

c. 家园——园所简介

"我的幼儿园"显示幼儿园图片和幼儿园名称以及简介。如下图：

图 7.65　老师版家园园所简介界面

③知识库

"知识库"包括"危险源百科""不安全行为百科""事故案例""安全测评"四个模块按钮，模块按钮下方是与老师相关的当前最新的安全小贴士，如下图：

图 7.66　老师版知识库界面

a. 知识库——危险源百科

"危险源百科",系统默认显示全部类别、流程、步骤。如下图所示：

图 7.67　老师版危险源百科分类筛选界面

b. 知识库——不安全行为百科

"不安全行为百科"以幼儿园教工岗位和活动类型来划分不同的不安全行为,点击知识库中的"不安全行为百科"进入"不安全行为百科"主页面,选择教工岗位和活动类型进行不安全行为筛选,点击筛选后的不安全行为可以查看此条信息的详细情况。

图 7.68　老师版不安全行为类别筛选界面

c. 知识库——事故案例

"事故案例",系统默认显示全部的事故案例信息。如下图所示：

图 7.69　老师版事故案例界面

d. 知识库——安全测评

"安全评测"模块中显示的内容为当前登录人的岗位包含在测评对象中的试题信息,如下图所示：

图 7.70　老师版安全评测界面

④我的

"我的"展示当前登录人的个人信息,包括姓名、头像、身份、所属园所,和系统"设置""常见问题""意见反馈""关于我们",个人中心主页面:

图7.71 老师版我的首页界面

参考文献

[1] 史敏雪,孙辉.幼儿园安全问题现状分析及对策措施[J].科技信息,2012(1):503-504.

[2] 王精忠,张杰.我国中小学和幼儿园安全问题及其对策[J].山东警察学院学报,2010(5):114-117.

[3] 王秋侠.幼儿园安全教育现状及对策的分析[J].中国证券期货,2013(7):287.

[4] Greenwood. Major, W. H. M. The incidence of industrial accidents upon individuals [M]. Great Britain. Industrial Fatigue Research Board:London,1919.

[5] Farmer, E. C. EG, A study of personal qualities in accident proneness and proficiency [M]. Industrial Fatigue Research Board:London,1939.

[6] 郭明.马斯洛"需要层次理论"评析[J].商丘师范学院学报,2007(10):105-107.

[7] 赵秀娟.大连市幼儿园安全教育现状研究[D].辽宁师范大学,2011:158-159.

[8] 公伟.马斯洛需求层次理论与当下景观环境的营造[D].艺术教育,2012(12):158-159.

[9] 王凯全,邵辉.事故理论与分析技术[M].北京:化学工业出版社,2004:20-25.

[10] 陈宝智.安全管理(第2版)[M].北京:冶金工业出版社,2005:8-25.

[11] 罗春红,谢贤平.事故致因理论的比较分析[J].中国安全生产科学技术,2007,(5):111-115.

[12] H. S. B. DuZgun. Analysis of roof fall hazards and risk assessment for Zonguldak coal basin underground mines [J]. International Journal of

Coal Geology,2005,(17):104-115.

[13] Peter Montague. Reducing the harms associated with risk assessments [J]. Environmental Impact Assessment Review,2004,(24):733-748.

[14] Henrich. H. W. Industrial Accident Prevention A Scientific Approach [M]. New York:McGraw-Hill Book Company,1959.

[15] Heinrich. H. W. Industrial Accident Prevention:A Safety Management Approach [M]. New York:McGraw-Hill Customer Service,ed. 5. 1979.

[16] 百度百科.海因里希法则[EB/DL].http://baike.baidu.com/view/41057.htm.

[17] 郑力,赵海京.冰山安全理论的创新与实践[J].现代职业安全,2014(10):90-92.

[18] 梅海恩.用"海恩法则"敲安监警钟[J].水利天地,2011(8):32-32.

[19] Topves. Risk Management, loss Control, Safety Management. Health & Environment. http://www.topves.nl.

[20] Bird, F. E. Management Guide to Loss Control [M]. 1974, Atlanta:Intl Loss Control Inst.

[21] 夏征农,陈至立.辞海[M].上海辞书出版社,2010.

[22] 吴同性.基于文化塑造的煤矿本质安全管理研究[D].中国地质大学,2012.

[23] 胡建屏.生产安全事故概念及分类简介[J].职业卫生与应急救援,2008,26(1):9.

[24] 吕淑然,刘春锋,王树琦.安全生产事故预防控制与案例评析[M].化学工业出版社,2010.

[25] 魏燕.幼儿问题行为的家庭原因分析[J].中华女子学院学报,2006,18(3):95-98.

[26] 陈全.事故致因因素和危险源理论分析[J].中国安全科学学报,2009(10):67-71.

[27] W. Hammer. Occupational safety management and engineering [M]. Englewood Cliffs: Prentice-Hall Press, 1989: 112 – 114.

[28] Sterman John D. System Dynamics: Systems Thinking and Modeling for a complex World: Proceedings of the ESD Internal Symposium [D]. MIT, Cambridge, MA, May, 2002.

[29] Occupational Safety and Health Administration, U. S. Department of Labor, Job Hazard analysis [EB/OL]. http://www.Osha.gov/pls/publications/pubindex.1ist, 2002.

[30] 罗云, 徐德蜀等. 注册安全工程师手册[M]. 北京: 化学工业出版社, 2004.8: 226 – 228.

[31] 杨龚源, 陈葵阳, 包晓海. 危险源辨识、风险评价和风险控制全过程方法探讨[J]. 石油化工安全环保技术, 2005, 21(6): 32 – 36.

[32] 张晓文. 幼儿园一日活动的中美比较研究[D]. 南京师范大学, 2014.

[33] 李永洁. 不可忽视的晨检工作[J]. 山东教育, 2014, 11: 51 – 52.

[34] 伍香平. 幼儿教师易犯的 150 个错误[M]. 北京: 中国轻工业出版社, 2012.

[35] 宋文霞. 幼儿园一日生活环节的组织策略[M]. 北京: 中国轻工业出版社, 2012.

[36] 康静. 兰州市幼儿园一日生活管理中的问题分析及策略研究[D]. 西北师范大学, 2004.

[37] 刘文英. 幼儿园安全教育常识[M]. 保定: 河北大学出版社, 2012.

[38] 陈青. 幼儿饮水知多少[J]. 幼儿教育, 2000, 12: 27.

[39] 朱青, 罗祥州. 幼儿饮水的有效管理[J]. 早期教育(教师版), 2009, 03: 37.

[40] 张巧娣. 关注幼儿的盥洗——社会领域渗透日常生活教育的研究[J]. 家庭与家教(现代幼教), 2009, 09: 46 – 47 + 45.

[41] 陈程. 在游戏中学会盥洗[J]. 教学月刊小学版(综合), 2013, 06:

53-55.

[42] 冷静.关注幼儿进餐环节的健康教育[J].当代学前教育,2010, 01:46-48.

[43] 刘英.幼儿进餐教育存在的问题和解决策略[J].早期教育(教师版),2008,01:16-17.

[44] 吴海波.关于小班幼儿进餐礼仪的教育探索[J].学校管理,2011, 05:56.

[45] 薛丽娟.培养幼儿自立能力的一大突破口:入厕[J].好家长, 2009,02:41-42.

[46] 杜丛霞.幼儿午睡的管理[J].现代营销(学苑版),2012,08:312.

[47] 邓双.示范性幼儿园区域活动材料投放与教师指导的有效性研究[D].湖南师范大学,2012.

[48] 儿童意外死亡流行病学研究协作组.中国妇幼卫生项目儿童意外死亡流行病学研究[J].中华儿科杂志,1995,33(4):206-2081.

[49] 郑学青.儿童意外伤害的特点及预防[J].中国病案,2007,8(10):46-481.

[50] 林柏泉.高等院校安全工程专业教学指导委员会编.安全学原理[M].长沙:湖南煤炭工业出版社,2002.

[51] ASTM F963-2007,美国玩具安全标准[S].

[52] 童菲.家有宝宝 厨房安全最重要[J].建材与装修情报,2008,03: 124-125.

[53] GB50352-2005,民用建筑设计通则[S].北京:中国建筑工业出版社出版,2005,7.

[54] 王秋侠.幼儿园安全教育现状及对策的分析[J].中国证券期货, 2013(7):287.

[55] 校招网.交通安全反思日[EB/OL].http://www.banbaowang.com/fanwen/jiaotonganquan.

[56] 倪慧渊,何敬瑜.在园幼儿家庭安全教育的调查报告[J].上海教

育研究,2008(11):47-49.

[57] 庄绿绒.幼儿园户外活动中运动安全的管理策略[J].吉林教育, 2015(2):156-157.

[58] 王悦.幼儿园安全教育现状及对策研究[D].河南大学,2011.

[59] 谢方圆.幼儿户外活动中的安全问题及防范[J].小学科学(教师版),2014(3):159.

[60] 潇琪,朱世娇.小区安全管理面临四大难题[J].北京房地产,2005(2):69-73.

[61] 詹文华.浅谈幼儿安全教育培养的误区[J].南昌高专学报,2012:143-144.

[62] 刘健.浅谈如何开展有效的幼儿安全教育[J].科技风,2012:240.

[63] 李小玲.幼儿安全意识的培养研究[J].科教导刊,2012:253-254.

[64] 蒋武英.浅谈学前教育阶段儿童心理健康教育与问题[J].教学研究,2013:102-103.

[65] 顾桂兰.国外幼儿安全教育做法之鉴[J].现代职业安全,2009:70-72.

[66] 刘虹.浅谈幼儿安全教育的误区及对策[J].学术研究,2012(10):203.

[67] 张伟强.浅谈幼儿安全行为习惯的培养[J].新课程学习,2014(7):110.

[68] 高红.浅议幼儿安全行为习惯培养[J].陕西教育,2014:54-55.

[69] 袁志华,傅淳.以生命教育理念培养幼儿的安全行为[J].临沧师范高等专科学校学报,2013(3):73-76.

[70] 雷思明.幼儿园安全策略50条[M].上海:华东师范大学出版社,2013:91.

[71] 第617号,校车安全管理条例[S].北京:中华人民共和国国务院令,2012.

[72] GB5749-2006,生活饮用水卫生标准[S].北京:中华人民共和国

卫生部,2006.
[73] 中华人民共和国国家标准 GB/T 13769-92 用电安全导则[J]. 供用电,1994,04:52-53.
[74] 强制性产品认证管理规定[J]. 中国质量技术监督,2009,09:20-23.
[75] 李俊祺. 幼儿园意外伤害事故的原因及干预措施[J]. 考试周刊,2008(17):230.
[76] 张蒴. 幼儿园伤害事故的干预现状和对策研究[D]. 华东师范大学,2006.
[77] 彭伟. 幼儿园火灾风险评估的研究[D]. 湖南科技大学,2009.
[78] 高帅. 幼儿园建筑安全性设计研究[D]. 郑州大学,2013.
[79] 雷思明. 幼儿园安全策略50条[M]. 上海:华东师范大学出版社,2013:90-135.
[80] 刘智成,陈荣. 幼儿园校车安全管理的对策研究——以《校车安全管理条例》实施为背景[J]. 幼儿教育,2013(4):7-11.
[81] 国家自然灾害救助应急预案[J]. 中国防汛抗旱,2006(11):34.

后 记

本书从构思筹划、撰写修改到最终定稿成书历时近一年，由陕西师范大学教育学院程秀兰、李少梅老师和中国教育风险预控网叶子兰老师承担框架拟定和全书统稿工作。

本书聚焦于幼儿园和家长如何通过风险预控的科学方法来保障幼儿安全这一重要问题。我们也希望提供了一套有效辨识和控制危险的方法与工具，以及一种全新的安全理念与参考标准。这本书包含了太多人的热情与心血，成书之际，在此谨向他们致以最真诚的谢意。

首先，感谢参与本书编写工作的安全领域研究工作者李松玲、谢艳鹏、陈晓苗、张杰霞、周飞娟、吴朋以及幼教研究工作者王红叶、张文乐、许楠楠、肖夏、杨梦晗、王娜、周扬扬、刁迎雪、谢哲、李焕霞、赵炎朋、赵秀坤、罗喆、高曼青等。在过去的一年中，他们经常为了书中的细节多次往返幼儿园进行观察、咨询、讨论。他们对待幼儿安全问题的执着、热情、严谨和细致让人感动。同时，还要感谢本书的核校人员姬易彤、王琳、郭曼曼、李清宇等给予的帮助，是她们的执着和认真，使得本书不断完善。

其次，感谢参与本课题研究的幼儿园园长和教师们，她们不厌其烦的对书籍的框架、逻辑、内容进行推敲和讨论，她们的建议为这本书增色不少。是她们辛勤地付出才使得这本书来源于实践又回归于实践，避免了纸上谈兵。

最后，感谢中国教育风险预控网、陕西易安控网络科技有限公司以及陕西师范大学出版总社对本书出版给予的大力支持和帮助。

本书成书不易，但远未尽善尽美，恳请各位读者批评指正。

编 者
2015年8月